AF367438

Lectura contemporánea de los clásicos

Karina Ansolabehre, Claudia López-Guerra,
Saúl López Noriega, David Peña, Andrea Pozas-Layo
y Rodalfo Vázquez

COORDINADORES

¿Por qué leer a Bentham hoy?

editorial fontamara

MONTABER

¿Por qué leer a Bentham hoy?

José Juan Moreso
Germán Sucar

MONTABER

Colección: Lectura contemporánea de los clásicos

¿Por qué leer a Bentham hoy?
1.ª edición (2016), Distribuciones Fontamara, SA, México, ISBN 978-607-736-320-0
2.ª edición, octubre 2024

© Distribuciones Fontamara, SA
© de esta edición, ICG Marge, SL

Edita: Montaber
Director editorial: David Soler
Brutau, 160 – 08203 Sabadell (Barcelona)
Tel. 931 429 486 – montaber@montaber.es
www.montaber.es

ISBN: 978-84-10238-51-0

PRESENTACIÓN

Lectura contemporánea de los Clásicos es un proyecto que surge de la inquietud por analizar la obra de destacados pensadores de la filosofía jurídica y política y de releerla a partir de los retos de las sociedades modernas. La idea es despertar en el lector la curiosidad por los clásicos, la discusión de su obra e insertarla en el debate contemporáneo, siguiendo siempre la máxima de Ítalo Calvino: «Un clásico es un libro que nunca termina de decir lo que tiene que decir».

Esta relectura, sobra subrayarlo, no pretende sacralizar autores ni convertir a los libros en escrituras sagradas. El propósito, por el contrario, es una revisión fresca y crítica del edificio teórico y conceptual de cada obra, sin olvidar el otro gran objetivo de la colección: los nuevos desafíos que enfrentan las democracias modernas y, en concreto, las asignaturas pendientes de la incipiente democracia mexicana. ¿Qué nos dicen los clásicos respecto de los poderes privados, el dinero en los procesos electorales, así como de los fenómenos de migración y pobreza? ¿Cuáles son las lecciones que puede aprender la joven democracia mexicana para sortear su maltrecho federalismo, su enclenque Estado de derecho y su frágil economía? ¿Qué provecho podemos obtener de los aciertos y visiones, así como de los errores y miopías de los pensadores clásicos?

Este libro da continuidad a una serie de ensayos con el ánimo de que coadyuven a la discusión de éstas y otras interrogantes que giran alrededor de los problemas sociales actuales, invitan a plantear y desarrollar los aspectos más relevantes del pensamiento de cada autor y, en última instancia, fomenten esa tradición que nutre sus meditaciones, propuestas y debates, a partir de los pensadores clásicos.

Por lo tanto, retomando la pregunta ¿por qué leer a Bentham hoy?, agregamos la siguiente: ¿qué sentido tiene, en los albores del siglo XXI, acercarse a la obra de este pensador? Ésta fue la interrogante que lanzamos a dos agudos estudiosos de la obra de Bentham y sus seguidores, y cuyas respuestas integran esta compilación.

Para José Juan Moreso, en línea con W. Twining, la obra de Bentham merece ser estudiada por tres razones: *1)* por ser una figura significativa en la historia de las ideas, *2)* por la influencia que su obra ejerció en los acontecimientos históricos de su época y de épocas posteriores, y *3)* porque sus ideas abren la posibilidad de un diálogo desde las preocupaciones teóricas del presente. En la mejor tradición anglosajona de las *Moral Sciencies*, Bentham reflexionó a la vez sobre teoría económica, política, jurídica, epistemología y filosofía moral con propuestas audaces y originales.

Bentham fue deudor de la vasta tradición empírica inglesa, acompañada de una ontología nominalista, que delineará su concepción utilitarista de la moral, del derecho y de la política: el interés de los humanos reside en aumentar su placer y disminuir su dolor. Desde esta premisa fundamental, Bentham criticó dos principios alternativos: el del ascetismo y el de la simpatía y antipatía. En la teoría jurídica Moreso destaca las grandes contribuciones de Bentham a la lógica deóntica, adelantándose con ello a buena parte de sus desarrollos en el siglo XX. De igual manera, su concepción utilitarista en la filosofía práctica, que puede hacerse llegar hasta las teorías contemporáneas de la elección racional y del análisis económico del derecho, parte de la idea de que el interés público no era ninguna extraña entidad espiritual que animaba a las sociedades humanas, sino que simplemente era la suma de los intereses individuales. Por su parte, los fines de la legislación vinculados al logro de la felicidad, serían la subsistencia, la abundancia, la seguridad y la igualdad, ocupando el de la seguridad un lugar central. Así, por ejemplo, en lugar de una declaración de derechos fundamentales (ficciones) en un sistema, debe buscarse y construir un mecanismo de controles (*securities*) destinados a conseguir el cese de las autoridades que abusen de su poder.

Sin embargo, la fecundidad teórica de sus ideas no encontró un correlato adecuado para su aplicación. El conocido proyecto del Panóptico, por ejemplo, fue un total fracaso, a pesar del esfuerzo que Bentham le dedicó durante los años más productivos de su vida. Con todo, lo cierto es que, en palabras de Moreso: «De su mente analítica tenemos todavía mucho que aprender y su planteamiento empirista de los problemas sociales aún nos promete, en muchos ámbitos, conocimientos fecundos. Pero nadie nos exige ninguna adhesión […] lo mejor es estudiar la obra de Bentham con el mismo espíritu crítico que él predicaba».

Germán Sucar efectúa un análisis de la relación entre el panoptismo y el liberalismo (en especial, de la democracia liberal) en la obra de Bentham. Al efecto, por una parte, se hace mención de los diferentes proyectos de panóptico desarrollados por Bentham, analizándose en particular su aplicación penal y, en especial, su vinculación con la teoría de las penas de Bentham. Por otra parte, se pone en relación su panoptismo con diversos aspectos de su concepción liberal a fin de mostrar que éstos, lejos de ser elementos contrapuestos de su pensamiento, son en realidad complementarios. Dicho análisis, inspirado en la lectura de Michel Foucault (que se opone a las lecturas tradicionales) reviste interés para la consideración de las características sociedades modernas actuales y su conexión con el problema del estatus de los derechos individuales.

Con tal marco general, Sucar divide su escrito en cuatro partes: *1)* Distinción de los diferentes proyectos de panóptico desarrollados por Bentham y su conexión con la idea de panoptismo; *2)* Características del *Panopticon* en tanto esquema general de normalización y producción, así como en su especial aplicación a la prisión; *3)* Evaluación de su relación con la teoría de la justificación del castigo de Bentham y defensa de la tesis de que entre uno y otro hay una ruptura, consecuencia del panoptismo, y *4)* Proponer una visión distinta a la que estamos habituados, tanto del pensamiento de Bentham, como de la sociedad liberal.

A la pregunta ¿por qué leer a Bentham hoy?, la respuesta de Sucar se asume desde un talante genuinamente crítico:

Porque tal vez, mejor que ningún otro, en tanto pensador y protagonista de su tiempo, nos libra una mirada abierta y descarnada de las fibras y resortes más íntimos y determinantes de la sociedad moderna. Sus comentadores tradicionales, al domesticar la virulencia de su pensamiento —lo mismo que han hecho con Wittgenstein, uno de los pensadores más corrosivos del siglo XX—, nos privan de esa luz que arroja sobre las sombras de nuestras sociedades: luz que la lectura de Foucault nos permite recuperar. La filosofía, si ha de servir todavía de algo, sólo puede ser *intempestiva*.

JEREMY BENTHAM: LUCES Y SOMBRAS

José Juan Moreso

Introducción

Este texto es fundamentalmente mi contribución a la mesa redonda con el que concluyó el seminario «¿Por qué leer a Bentham hoy?», el cual tuvo lugar entre el 20 y el 22 de noviembre, en el las instalaciones del ITAM de la Ciudad de México y que transcurrió en un afortunado clima de rigor intelectual y afecto personal, que lo hizo sumamente agradable. Por ello quedo agradecido con todos los asistentes, especialmente con los otros participantes en la mesa redonda, los profesores Jorge Cerdio y Germán Súcar, y sobre todo con el anfitrión y amigo entrañable, el profesor Rodolfo Vázquez. Yo escribí hace casi 25 años mi tesis doctoral sobre la teoría jurídica de Bentham, pero después había vuelto a revisar su obra muy poco. Me sucedía un poco como a Bentham con uno de sus proyectos más emblemáticos, al que después me he de referir, el *Panóptico*, del que decía (en la página 250 del vol. X de la edición de Bowring, a la que se hace referencia en la nota 3): «I do not like to look among Panopticon papers. It is like opening a drawer where devils are locked up —it is breaking into a haunted house». Mi *haunted house* particular eran los papeles de mi trabajo sobre Bentham. Sin embargo, al final, esta revisión ha resultado gozosa y la «casa encantada» se ha convertido en una morada llena de nostalgia y recuerdos recuperables.

Jeremy Bentham (Londres 1748-1832) vivió una larga y aparentemente tranquila existencia humana,[1] dedicada al estudio y a la elaboración de proyectos apasionados de reforma jurídica y política de las instituciones de su tiempo. Nunca prestó mucha atención a la publicación fiel de su obra y por dicha razón algunas de sus contribuciones más importantes no fueron conocidas hasta el siglo XX[2] y otras aún permanecen entre los manuscritos del University College y de la British Library. Sus editores más importantes en el siglo XIX (Étienne Dumont y John Bowring, merece la pena excluir a John Stuart Mill que sí fue un editor cuidadoso) no fueron especialmente fieles a los manuscritos del autor.[3] Por esta razón, el *Bentham Project* comenzado en los años 60, del pasado siglo, constituye un proyecto del que precisamos para tener una imagen más fidedigna de la obra de Bentham.[4]

---

[1] John Stuart Mill la narraba con agudeza, del siguiente modo: «Nunca conoció ni la prosperidad ni la adversidad, ni la pasión ni la saciedad; nunca tuvo las experiencias que nos proporcionan las enfermedades. Vivió desde la infancia hasta la edad de 85 años con una salud de hierro. Nunca conoció ni el desánimo ni la tristeza. Nunca sintió la vida como una herida o una carga pesada. Fue un niño hasta el final». Mill, J.S. (1867), "Bentham", en *Dissertations and Discussions, Political, Philosophical, and Historical,* Londres: Longmans, vol. I., p. 354-355. Tal vez por estas cosas conocidas de su vida últimamente se ha conjeturado que podía padecer el síndrome de Asperger, que hace un poco autista y emocionalmente inertes a algunos genios. Lucas, P. y A. Sheeran (2006), "Asperger's Syndrome and the Ecentricity and Genius of Jeremy Bentham", en *Journal of Bentham Studies*, vol. 8, p. 1-37.

[2] Así sucede con sus dos obras capitales en teoría jurídica: Everett, C. W. (ed.) (1928), *A Comment on the Commentaries: a criticism of William Blackstone's Commentaries on the laws of England*, Oxford: Oxford University Press; ahora en Burns, J. H. y H.L.A. Hart (eds.) (1977), *A Comment on the Commentaries and A Fragment on Government*, Londres: Athlone Press; Everett, C. W. (ed.), *The Limits of Jurisprudence Defined*, Nueva York: Columbia University Press. Y las nuevas ediciones de la misma obra de Hart, H.L.A. (1970), *Of Laws in General*, Londres: The Athlone Press, y Schofield, P. (2010), *Of the Limits of the Penal Branch of Jurisprudence*, Oxford: Oxford University Press.

[3] Se trata de Dumont, E. (ed.) (1802), *Traités de législation civile et pénale*, Paris: Bossange, Masson et Besson; Bowring, J. (ed.) (1838-1843), *The Works of Jeremy Bentham*, 11 vols., Edinbourgh: William Tait, (existe una reedición de esta obra en Nueva York: Russell & Russell, 1962). John Stuart Mill editó, en 1827, *Rationale of judicial evidence, specially applied to English practice*, vol. 5, Londres: Hunt and Clarke.

[4] Se trata de *The Collected Works of Jeremy Bentham*. Los editores generales han sido hasta ahora: J.H. Burns (1961-1970); J.R. Dindwiddy (1979-1983); F. Rosen (1983-1995); F. Rosen y P. Schofield (1995-2003) y P. Schofield (2003). Primero fueron publicados por Athlone Press en Londres, y ahora por Oxford University Press. Se han publicado 28 volúmenes (12 de correspondencia) de un proyecto de unos 70 en total. Dos breves, pero completas, introducciones a la figura de Jeremy Bentham son: Dinwiddy, J. (1989),

An Introduction to the Principles of Morals and Legislation[5] (IPML, de aquí en adelante) es, en cualquier caso, la obra por la que más se conoce a Bentham. Fue publicada y revisada por él mismo en 1789, a pesar de estar lista en 1780. Intentaré ubicarla en el contexto de la inmensa obra del autor y necesariamente la complementaré con las ideas de los últimos años, contenidas especialmente en el *Constitutional Code* de 1830.[6]

Los proyectos reformadores de Bentham no tuvieron mucha suerte desde el punto de vista de su aplicación práctica. El más conocido es el proyecto del Panóptico,[7] una cárcel en donde se realizaban algunas de las ideas que había defendido, constituye un buen ejemplo de la fortuna de su impulso reformador: su proyecto ha sido una imagen poderosa en la literatura, se ha tomado como la expresión de la sociedad contemporánea disciplinaria.[8] Sin embargo, como proyecto personal e histórico fue un fracaso y, a pesar del gran esfuerzo que Bentham le dedicó durante los años más productivos de su vida, el Parlamento británico renunció a la idea de construir una cárcel con ese modelo, por lo que indemnizó a Bentham en 1813 con 23,000 libras esterlinas. Poco antes, Bentham había conocido a James Mill (1809) y esta relación, junto con la desconfianza que le inspiraba el gobierno y el propio Rey como garantes de los cambios sociales y legislativos que él creía necesarios, lo condujeron hacia la democracia y el radicalismo político.

W. Twining, en un artículo titulado significativamente "Why Bentham?"[9] ha escrito que hay tres razones que conducen a estudiar la obra de un pensador del pasado como Bentham: *1)* que sea una figura significativa en la historia de las ideas, *2)* su influencia con su obra en los acontecimientos históricos de su época y de épocas posteriores, y *3)* que tenga alguna que decirnos a nosotros, que algunas de sus ideas ha-

---

Bentham, Oxford: Oxford University Press; y Schofield, P. (2009), *Bentham. A Guide for Perplexed*, Londres: Continuum.

[5] Burns, J.H. y H.L.A. Hart (eds.) (1982), *An Introduction to the Principles of Morals and Legislation*, Londres: Methuen.

[6] Rosen, F. (ed.) (1983), Oxford: Oxford University Press.

[7] Bowring, E. (1843), *Panopticon: or the Inspection House*, vol. IV, p. 31-72.

[8] Foucault, M. (1975), *Surveiller et punir*, Paris: Gallimard; Himmelfarb, G. (1968), "The Haunted House of Jeremy Bentham", en *Victorian Minds*, Nueva York: Knopf.

[9] Twining, W. (1984), "Why Bentham", en *The Bentham Newsletter*, 8, p. 34-49.

gan posible el diálogo con él desde nuestras preocupaciones teóricas del presente. Concuerdo con estas tres razones.

Aunque la obra de Bentham es relevante en muchos aspectos, aquí se destacará su contribución a las filosofías moral y política. Él es un buen representante de la tradición anglosajona de las *Moral Sciences*, la cual con un importante trasfondo filosófico reflexionaba a la vez sobre economía, teoría política, jurídica y filosofía moral (una tradición que ejemplifica claramente Adam Smith y que, pasando por John Stuart Mill, llega hasta John Maynard Keynes).

Esta tradición ha renacido en el mundo anglosajón bajo el paraguas de la teoría de la elección racional en la que discuten filósofos, teóricos de la política, juristas y economistas. Es una tradición deudora del utilitarismo de Bentham.

En cualquier caso, el ambiente intelectual en el que Bentham se educó es el del pensamiento de la Ilustración, además de ser él mismo, en muchos aspectos, un ilustrado. Por ello es conveniente comenzar con algunos aspectos de su pensamiento que son deudores de este clima intelectual.

2. Epistemología empirista y ontología nominalista

La teoría del conocimiento que hay en la base de la concepción filosófica y la base de filosofica en moral de Bentham, provienen, obviamente, de John Locke y David Hume. Bentham escribió: «Todas nuestras ideas provienen de nuestros sentidos y la única forma de presentar cualquiera de nuestras ideas de un modo claro y determinado, es ascender hasta los objetos sensibles en los cuales se originan».[10]

Esta epistemología empirista iba acompañada de una ontología nominalista: el mobiliario del universo benthamiano era muy ascético. Su ontología estaría mejor representada por una playa casi desierta que por el zócalo en día de fiesta.[11] Para Bentham, el universo contiene únicamente objetos físicos e impresiones sensibles. Pensaba, y es cierto, que nuestro lenguaje dispone de nombres para otras cosas (propieda-

---

[10] *Of Laws in General, op. cit.*: 294.

[11] El campo de la ontología, nos dice Bentham, es todavía un *untrodden labyrinth*. Bowring, E. *A Fragment on Ontology*, VIII, p. 198.

des como la blancura, relaciones como la amistad, expresiones de obligaciones y derechos), pero estos son nombres sólo de entidades «ficticias». Las entidades ficticias no existen. El mundo está hecho únicamente de objetos individuales, concretos, espacio-temporales y de impresiones sensibles. Ahora bien, esta ontología estaba completada por una teoría del lenguaje bastante interesante. Según Bentham, era preciso distinguir entre nombres de entidades ficticias y nombres de entidades fabulosas.[12] Mientras los primeros pueden ser eliminadas por lo que denominaba el «método de la paráfrasis», los segundos habían de eliminarse completamente de nuestro discurso, ya que sólo conducían a la confusión y a la falsedad.[13]

Un ejemplo puede servir para explicar lo que Bentham entendía por método de la paráfrasis como expediente para alcanzar la eliminación de los nombres de las entidades ficticias de nuestro lenguaje. Supongamos la oración siguiente:

1) El mexicano medio ve la TV tres horas al día.

Si en esta oración entendiéramos la expresión «el mexicano medio» literalmente, entonces no entenderíamos su significado. El mexicano medio no existe ni mira la TV. Esta expresión parece realmente un sustantivo, pero no lo es. El método de la paráfrasis nos muestra cómo eliminarla, transformando *1)* en otra oración que ya sólo tiene nombres de entidades reales:

2) La suma de las horas en que los mexicanos ven la TV, dividida por el número de mexicanos, es igual a tres horas.

---

[12] Bowring, E. (1983), *Essay on Logic*, en M.J. Smith y W.H. Burston (eds.), VIII, p. 262 y *Chrestomathia*, Oxford: Oxford University Press, p. 271.

[13] «Una palabra es explicada mediante paráfrasis no sólo cuando es traducida por otras palabras, sino también cuando la oración entera de la que forma parte es traducida por otra oración; las palabras de la última expresan ideas más simples, o son susceptibles de traducirse inmediatamente en ideas más simples, que las de la primera». *A Fragment on Government*, p. 494, nota 6. Ver también: Goldworth, A. (ed.) (1983), *Deontology*, p. 75, Oxford: Oxford University Press; *Essay on Logic*, p. 246. Para la ontología y la filosofía del lenguaje de Bentham puede verse: Ogden, C.K. (1932), *Bentham's Theory of Fictions*, Londres: Kegan Paul; Harrison; R. (1982), *Bentham*, Londres: Routledge & Kegan Paul.

Tal vez en este tipo de ejemplos nadie se engañaría. Pero hay otras expresiones más susceptibles de confundirnos. Tal como:

3) Margarita tiene la obligación de entregar la casa a Ana.

Podría conducirnos a creer que hay una entidad que es la obligación de Margarita. Bentham quería prevenirnos contra ello. En realidad, esta expresión puede significar, en un contexto jurídico que existe una norma jurídica que obliga a los vendedores a entregar la cosa objeto de la venta y que Ana ha comprado una casa a Margarita. Como bien dice Hart acerca de ésto: «No podemos decir aquello que palabras como "obligación" o "derecho" nombran o significan, dice Bentham, porque no nombran nada, pero podemos decir lo que significan las oraciones que los contienen».[14]

Los nombres de las entidades fabulosas, en cambio, no pueden ser eliminados mediante la paráfrasis. Bentham pone como ejemplo los personajes mitológicos y de ficción. Cualquier oración que hable de Venus Afrodita o de Pedro Páramo es falsa si estas expresiones son tomadas como nombres y no pueden eliminarse en su contexto mediante paráfrasis. Si yo creo que Pedro Páramo existió, creo algo que es falso, pero es distinto creer en algunas cosas de *Pedro Páramo* con arreglos en la novela de Juan Rulfo.[15]

Bentham pensaba que muchas expresiones de la moral son nombres de entidades fabulosas, utilizadas como sustantivos. Por esto criticaba las asunciones de las concepciones tradicionales que presuponían la existencia de principios, normas o valores objetivos e independientes de la actividad de los humanos. Las teorías del derecho natural o de los derechos naturales eran para Bentham falsas, dado que afirmaban

---

[14] Hart, H.L.A. (1983), *Essays on Bentham*, p. 11, Oxford: Oxford University Press. Quine ha destacado el método de Bentham como un valioso precedente de la teoría de las descripciones de B. Russell (1968), "On Existence and Quantification", en *The Ontological Relativity and Other Essays*, p. 101, Nueva York: Columbia. aquest mètode de Bentham com un valuós precedent de la teoria de les descripcions de Russell, B., "Existencia y cuantificación", en M. Garrido y J.L. Blasco (trad.), *La relatividad ontológica y otros ensayos*, p. 132, Madrid: Tecnos. También Moreso, J.J. (1992), *La teoría del Derecho de Bentham*, p. 59-78, Barcelona: P.P.U.

[15] Ver al respecto: Kroon, F. y A. Voltolini (2011), "Fiction", en E. N. Zalta (ed.),*The Stanford Encyclopedia of Philosophy*, disponible en <http://plato.stanford.edu/archives/fall2011/entries/fiction/>.

16

como existentes entidades inexistentes. Decía que el derecho natural es «un oscuro fantasma» y los derechos naturales son «círculos cuadrados», «cuerpos incorporales» o «disparates sobre zancos» (*nonsense upon stilts*).[16] Lo sostenía dado que, en su opinión, las concepciones que se refieren a los principios del derecho natural o a los derechos naturales inherentes a los seres humanos, suponían erróneamente que estaban formulando proposiciones verdaderas acerca de alguna porción del mundo.[17]

Bentham pensaba que con estos materiales podía construir una concepción de la moralidad, del derecho y de la política, libre de las trampas que nos tiende el lenguaje y parsimoniosa desde el punto de vista de la ontología.

3. El utilitarismo como concepción moral

Los primeros cuatro capítulos del IPML son, posiblemente, los más conocidos de Bentham (incluidos en muchas antologías de filosofía moral) y son los que le han conferido un espacio en la historia de la filosofía. En estos, Bentham expone aquello que entiende por el principio de utilidad, contraponiéndolo a otros principios y también se ocupa del modo en el que la utilidad puede medirse.

Para Bentham, el principio de utilidad tiene dos sentidos bien diferenciados. Según su «sentido enunciativo o descriptivo», el principio significa que cada ser humano busca su propia felicidad, siendo éste su único fin. Según el «sentido sensorial o prescriptivo», el principio de utilidad establece que la mayor felicidad del mayor número es el único fin universalmente deseable.

---

[16] Bowring, E., *Anarchical Fallacies*, II, p. 501. Ahora puede verse en Schofield, P, C. Pease-Watkin y C. Blamises (eds.) (2002), *The Collected Works of Jeremy Bentham, Rights, Representation, and Reform- Nonsense upon Stilts and other Writings on the French Revolution*, Oxford: Oxford University Press.

[17] Un análisis del lenguaje moral que estaría bastante de acuerdo con el de Mackie, J.L. (1977), *Ethics. Inventing Right and Wrong*, p. 40, Londres: Penguin Books: «La aserción según la cual hay valores objetivos o entidades o propiedades de algún tipo intrínsecamente prescriptivas, que los juicios morales ordinarios presuponen no es, conforme a lo que mantengo, carente de significado sino falsa». Para una exposición más completa de la crítica de Bentham a las concepciones iusnaturalistas, puede verse Moreso, J.J. (1992), *La teoría del Derecho de Bentham, op cit*.: 89-122.

El primer sentido del principio presupone una concepción determinada de la naturaleza humana, con arreglo a la cual los seres humanos actuamos siempre tratando de maximizar nuestro interés. El primer capítulo comienza así:

> La naturaleza ha colocado a la humanidad bajo el gobierno de dos maestros soberanos: el dolor y el placer. Ellos determinan tanto lo que debemos hacer como lo que hacemos. El criterio de lo que es correcto e incorrecto, por una parte, y la cadena de causas y efectos, por la otra, están sujetos a su trono. Nos gobiernan en todo los que hacemos, decimos y pensamos: todo esfuerzo que hagamos para librarnos de su sujeción no servirá para nada más que para demostrarla y confirmarla. Mediante las palabras alguien puede pretender no estar sujeto a ellos, pero de hecho permanece ligado a ellos. El principio de utilidad reconoce esta sujeción y la asume como fundamento de su sistema.

El interés de los humanos reside, según Bentham, en aumentar su placer y disminuir su dolor. La aceptación de esta verdad era fundamental para construir su sistema ético. La misma idea se halla en un pasaje muy conocido de Adam Smith, un autor bastante apreciado por Bentham (aunque disentía, a veces fuertemente, de sus opiniones): «No es de la benevolencia del carnicero, del bodeguero o del panadero, sino de su objetivo en el propio interés, del que esperamos y hemos de esperar nuestro alimento. No apelamos a su humanidad, sino a su amor propio, nunca le hablamos de nuestras necesidades sino de sus ventajas».[18]

El modo en que debe entenderse dicho principio es, sin embargo, dudoso.[19] Si se comprende como una generalización empírica, es obvio que se trata de una con muchas excepciones, es decir, es una generalización falsa: a menudo no actuamos tratando de maximizar nuestro interés. Si se entiende como un enunciado analítico es, obviamente, verdadero: si el único modo de averiguar aquello que una persona

---

[18] Smith, A. (1910), *An Enquiry into the Nature and Causes of the Wealth of Nations*, 1, lib. I, cap. I, Londres: Routledge.

[19] Ver: Ayer, A.J. (1970), "The Principle of Utility", en G.W. Keeton y G. Schwarzenebrger (eds.), *Jeremy Bentham and the Law*, p. 225, Westport, Conn: Greenwood Press.

quiere es aquello que hace, entonces sólo estamos suponiendo que las personas hacen aquello que hacen.

Pasemos ahora a ocuparnos del sentido normativo del principio de utilidad, conforme al cual «una acción está de acuerdo con el principio de utilidad [...] cuando la tendencia a aumentar la felicidad es mayor que la tendencia a disminuirla».[20] Bentham pensaba que el principio no precisaba ser probado, ya que era tan imposible como necesario. Tal vez sugería que el principio era la expresión de una última e irreductible actitud,[21] y no el descubrimiento de alguna realidad axiológica. Ello armoniza mejor con la ontología y epistemología benthamianas.[22]

En cualquier caso, contrapuso su principio moral a otros principios que denominó «contrarios al de utilidad». Bajo este apelativo criticó dos principios alternativos: el del ascetismo y el de la simpatía y antipatía (que a veces llamaba *ipsedixistim*).

Según Bentham, el principio del ascetismo prescribe las acciones según su tendencia a disminuir la felicidad. Es una crítica de determinado fanatismo religioso del cual afirma: «Dejemos que una décima parte de los habitantes de la tierra los sigan consistentemente y en un día lo habrán convertido en un infierno».[23]

Posiblemente tiene más interés la crítica del otro principio, del de simpatía, porque en él incluye una crítica a la mayoría de las teorías morales relevantes en el ámbito cultural de su tiempo: las doctrinas del *moral sense* y del *common sense* (Hutcheson, Lord Shaftesbury), la doctrina de la *fitness of things* (S. Clarcke) y las doctrinas del derecho natural (W. Blackstone), su representante inglés más destacado ya había sido criticado por Bentham.[24] Él critica estas doctrinas porque, en su opinión, dicho principio no tiene en cuenta las consecuencias de nuestras acciones para evaluarlas, sino sólo la disposición personal a aprobarlas, una especie de misteriosa intuición. En este punto fue criticado por John Stuart Mill, al decir que no se trataba únicamente de sentimientos personales, sino de un paciente análisis de la naturaleza humana que manifiesta la existencia de estructuras morales (distintas

---

[20] Burns, J.H. y H.L.A. Hart (eds.) (1982), *An Introduction to the Principles of Morals and Legislation*, p. 12-13, Londres: Methuen.

[21] *Ibidem: 12, nota b.*

[22] Moreso, J.J., *La teoría del Derecho de Bentham, op cit.*: 273-281.

[23] Burns, J.H. y H.L.A. Hart (eds.) (1982), *op cit.*: 17-21.

[24] Burns, J. H. y H.L.A. Hart (eds.) (1977*), op cit.*

del principio de utilidad) pero profundamente enraizadas en la especie humana.[25]

Una vez establecido este principio, los juicios morales se convierten en juicios de carácter «técnico», que una acción, una medida política, por ejemplo, sea correcta significa que ésta acción maximiza la felicidad del mayor número.[26]

A menudo las teorías éticas se dividen entre teorías consecuencialistas y teorías deontológicas. No hay duda de que el utilitarismo es una concepción consecuencialista de la moral, que evalúa las acciones según las consecuencias que producen. Este aspecto de la moral benthamiana la hace susceptible de dos críticas relevantes:

a) Por una parte, dado que las consecuencias de cualquier acción son muchas y difícilmente determinables, se hace muy complejo definir cuál es el curso de acción correcto. Además hay que añadir la infinita gama de posibles descripciones de las acciones. La de una persona que mata a otra, por ejemplo, puede ser descrita como la acción de acabar con el tirano, de eliminar a una persona indefensa, de envenenar el café, etcétera. Una adecuada teoría de la descripción de las acciones y una teoría que determine cuáles son las consecuencias relevantes de estas a efectos del cálculo utilitario, son dos aspectos nunca del todo aclarados en el utilitarismo benthamiano y en cualquier teoría consecuencialista.

b) Por otro lado, hay que disponer de un instrumento adecuado para medir la felicidad producida por una acción determinada. Bentham trata de suministrarnos este instrumento,[27] una especie de procedimiento para medir estados subjetivos. Los parámetros más importantes de esta medida son: la intensidad, la duración, la certeza o incertidumbre y la proximidad o lejanía. El procedimiento de Bentham se asemeja a las modernas teorías de la decisión. Según ésta, hemos de actuar conforme a la maximiza-

---

[25] Robson, J. (ed.) (1969), "John Staurt Mill: Remarks on Bentham's Philosophy", en *Collected Works of John Stuart Mill*, X, Toronto: University of Toronto Press.

[26] Puede verse para esta concepción de los juicios morales como reglas técnicas a: Harsanyi, J.C. (1976), *Ethics, Social Behavior and Scientifc Explanation*, p. 28-29, Dordrecht: D. Reidel.

[27] Burns, J.H. y H.L.A. Hart (eds.) (1982), *op cit.*: 38-41.

20

ción de nuestra utilidad esperada. Frente a un conjunto de alternativas: *a1...an* debemos seleccionar una de ellas, *aj*, y proceder a evaluar sus consecuencias *c1...cn*. A cada una de ellas le asignamos una probabilidad subjetiva y una utilidad determinada. Multiplicamos la utilidad por la probabilidad de cada consecuencia y calculamos la suma ponderada de los anteriores productos para obtener la utilidad esperada de *aj*. Bentham pensaba que hemos de multiplicar la magnitud del placer (la intensidad por la duración) por el resultado del producto de la proximidad y la certeza (la probabilidad) y, por esta razón, estaba bosquejando un antecedente de la teoría de la utilidad esperada.

Si pretendemos extender este cálculo a toda la sociedad, tenemos más problemas. Por un lado, se han presentado dudas más que razonables respecto de las comparaciones interpersonales de utilidad, por otro lado, la posibilidad de hallar una función de bienestar social se complica definitivamente con el teorema de imposibilidad de Arrow. Él muestra que un conjunto de condiciones aparentemente inofensivas son tan restrictivas que excluyen cualquier función de bienestar social posible.[28]

Trataré ahora de cuál es el ámbito de acciones a los que el principio de utilidad se refiere. Una cuestión que puede subdividirse en cuatro:

---

[28] Arrow, K.J. (1951), *Social Choice and Individual Values,* Princeton: Princeton University Press. En el conjunto *c* de las alternativas posibles se define la relación *R* que significa «preferible o indiferente». Con la ayuda de *R* se definen indiferente *x* es indiferente a *y* si y sólo si *xRy* y *yRx*) y preferible (*x* es preferible a *y* si y sólo si no es el caso que *yRx*). La relación *R* es una ordenación de orden débil (es conexa *i* transitiva). En el conjunto *c* se establecen las siguientes condiciones:

Condición U: Dominio no restringido. En *c* han de incluirse todas las combinaciones lógicas posibles.

Condición P: Principio de Pareto. Si entre *x* e *y*, la totalidad de los individuos menos uno son indiferentes y este prefiere *x* a *y*, entonces la sociedad prefiere *x* a *y*.

Condición I: Independencia de las alternativas irrelevantes. La prelación que socialmente se confiere a cada par de alternativas depende sólo de la prelaciones que los individuos otorgan a estas dos alternativas.

Condición D: No dictadura. No ha de existir ningún individuo tal que si este prefiere *x* a *y*, entonces la sociedad prefiere *x* a *y*.

El teorema de Arrow puede enunciarse diciendo que no existe ninguna función de bienestar social que satisfaga las condiciones establecidas.

1) ¿El principio de utilidad se dirige a las consecuencias de las acciones individuales o de las acciones genéricas?
2) ¿El principio de utilidad, cuando se dirige a las medidas políticas y legislativas, ha de tener en cuenta su impacto sobre todos los seres humanos o sólo sobre los integrantes de una comunidad determinada?
3) ¿En el cómputo de las consecuencias se han de tomar en cuenta los sufrimientos infligidos a los animales?
4) ¿La esfera privada de la vida humana también ha de estar regulada por el principio de utilidad?

La primera cuestión se refiere a una distinción muy presente en la literatura utilitarista. Me refiero a la distinción entre Utilitarismo del Acto (UA) y Utilitarismo de la Regla (UR). Según UA, una acción individual es correcta según las consecuencias que produce la misma acción individual. En cambio, para UR una acción individual es correcta si es conforme con una regla que es juzgada por las consecuencias genéricas que produce en relación con la felicidad.

Según parece, Bentham, quien siempre se refería a las consecuencias de una determinada acción concreta o una medida de gobierno concreta, ha de incluirse entre los utilitaristas del acto.[29]

La segunda cuestión ha de contestarse con mayor precaución.[30] Con todo, Bentham no fue insensible a los problemas internacionales y a la felicidad del género humano en su conjunto. Alguna vez formuló su principio del siguiente modo: «la mayor felicidad para el mayor número de la humanidad».[31]

A la tercera cuestión, la obra de Bentham responde como la indiscutible inclusión de los animales en el ámbito de nuestras responsabilidades morales:

---

[29] Ross Harrison, *Bentham*, supra nota 13, p. 240-241. Sin embargo, el más importante seguidor de Bentham en teoría jurídica, John Austin defendió claramente el utilitarismo de la regla. John Austin, *Lectures on Jurisprudence or the Philosophy of Positive Law*, 2 vols., [1861-1863]. R. Campbell ed., (Glashütten im Taunus: Detlev Auvermann KG, 1972), vol. 1 p. 114 y ss. y J.J. Moreso: 'Cinco diferencias entre Bentham y Austin' en *Anuario de Filosofía del Derecho*, 6 (1989): 351-376.

[30] David Lyons ha sostenido que el sistema ético de Bentham es, al final, decepcionante porque tiene un ámbito de aplicación local y no universal. David Lyons, *In the Interest of Governed. A Study in Bentham's Philosphy of Utility and Law* (Oxford: Oxford University Press, 1973), p. 24-27.

[31] *Deontology, op cit.*:166.

¿Qué otros seres, también sujetos a la influencia humana, son susceptibles de ser felices? Los hay de dos clases: *1)* los otros seres humanos que
llamamos personas y *2)* los otros animales, cuyos intereses han sido ol-
vidados por la insensibilidad de los juristas antiguos, que los degradaron
a la categoría de cosas [...] La pregunta no es ¿pueden razonar?, ¿pueden hablar?, sino ¿pueden sufrir?[32]

La respuesta a la última cuestión, relativa a si el principio va dirigido a la conducta privada, la respuesta ha de ser más matizada.[33] En la
obra de Bentham nunca queda del todo claro si en relación con la conducta privada los seres humanos deben maximizar su felicidad personal («la ética privada nos enseña cómo hallar el curso más apto para
alcanzar nuestra felicidad»)[34] o bien debemos maximizar la felicidad
global («el principio ha de ser la única guía de la conducta pública y
privada»).[35] Nunca queda aclarado si la moral privada es una cuestión
de racionalidad individual de carácter instrumental o es también parte de
la aplicación del principio de la felicidad del mayor número, lo que seguramente sólo sería posible mediante una apelación a la benevolencia
generalizada.[36]

En cualquier caso, la objeción más importante que el utilitarismo
ha de soportar es aquella que le acusa de no considerar los requerimientos de la justicia, de no valorar en la medida adecuada lo que
Rawls llama la «separabilidad» entre las personas. Es decir, no tener
en cuenta la distribución de la felicidad entre los individuos.[37] Por ello,

---

[32] Burns, J.H. y H.L.A. Hart (eds.) (1982), *op cit.:* 252.

[33] D. Lyons ha sostenido que Bentham defendió un estándar dual, dirigido a los individuos que prescribe perseguir la felicidad individual y dirigido al legislador que prescribe
procurar la felicidad global. Y añade que, según Bentham, existe a largo plazo una conver-
gencia natural de ambos criterios. *In the Interest of Governed, op cit.:* 20; 34-59.

[34] Burns, J.H. y H.L.A. Hart (eds.) (1982), *op cit.:* 293.

[35] *Deontology, op cit.:* 288. Ver, para esta cuestión: Dinwiddy, J.R. (1982), "Bentham
on Private Ethics and the Principle of Utility", en *Revue Internationale de Philosophie,*
141, p. 278-300; Burns, J.H. y H.L.A. Hart (eds.) (1982), *op cit.,* "Introduction".

[36] Es la vía de Smart, J.J.C. (1981), "Bosquejo de un sistema de ética utilitarista", en
J.J.C. Smart y Bernard Williams, J. Rodríguez Marín (trad.), *Utilitarismo. Pro y Contra,* p.
15, Madrid: Tecnos. Y era un argumento, como es sabido, que procedía de Hume, D.
(1948), "An Enquiry Concerning the Principles of Morals", en *Moral and Political Philosophy,* p. 180-184, Nueva York: Hafner Press.

[37] Rawls, J. (1971), *A Theory of Justice,* Cambridge, Mass.: Harvard University Press.
También Nozick, R. (1974), *Anarchy, State, and Utopia,* Nueva York: Basic Books. Sobre
ello: *Essays on Bentham, op cit.:* 194, ss.

como veremos, en la teoría utilitarista de Bentham no hay espacio para los derechos morales.

4. La teoría jurídica de Bentham y la lógica deóntica

En la teoría jurídica de Bentham hay muchos elementos destacables (por ejemplo, su doctrina de la ley completa, su concepción de la delegación legislativa y de las normas de competencia) pero aquí me limitaré a poner de manifiesto tres aspectos en los que Bentham se adelanta por 200 años a la aplicación de la lógica deóntica a la teoría general del derecho.

La lógica deóntica es una rama de la lógica que se ocupa de los conceptos normativos: obligatorio, prohibido, permitido o facultativo, de los sistemas normativos y del razonamiento normativo.[38] Fue en el siglo pasado cuando esta rama de la lógica se desarrolló. E. Mally (1926) y G. H. von Wright (1951) incorporaron el término «deóntica» en la disciplina.[39] No obstante, G. W. Leibniz y Bentham[40] pueden considerarse valiosos precursores.[41] Leibniz estableció la analogía, después desarrollada en las contribuciones a la lógica deóntica del siglo XX, entre los conceptos modales (necesario, imposible, posible y contingente) y los conceptos deónticos. Bentham[42] se refirió a la dis-

---

[38] Tres recientes y excelentes presentaciones de la lógica deóntica en Hilpinen, R. (2001), "Deontic Logic", en L. Globe (ed.), *The Blackwell Guide to Philosophical Logic*, p. 159-182, Oxford: Blackwell; McNamara, P. (2010), "Deontic Logic", en E. N. Zalta (ed.), *The Stanford Encyclopedia of Philosophy*, disponible en <http://plato.stanford.edu/archives/fall2010/entries/logic-deontic/>; Zuleta, H. (2010), "Deontic Logic", disponible en:<http://ivr-enc.info/index.php?title=Deontic_Logic>.

[39] Mally, E. (1926), *Grundgesetze des Sollens. Elemente der Logik des Willens*, Graz: Leuschner & Leubensky; Henrik von Wright, G. (1951), "Deontic Logic", en *Mind*, 60, p. 1-15.

[40] Gottfried Wilhelm, L. (1930), "Elementa Juris Naturalis", en *Sämtliche Schriften und Briefe. Sechste Reihe. Philosophische Schriften*, Dramstadt: Preussischen Akademie der Wissenschaften. Las obras de Bentham relevantes son, aparte de IPML, *Of Laws in General* y la nueva versión *Of the Limits of the Penal Branch of Jurisprudence*, *op cit.* De aquí en adelante, tanto en el texto como en las notas a pie, se utilizarán como OLG y OLPB respectivamente.

[41] Parece que los ancestros de la lógica deóntica se remontan al pensamiento medieval en el siglo XIV. Knuutila, S. "The Emergence of Deontic Logic in the Fourteenth Century", en R. Hilpinen (ed.), *New Studies in Deontic Logic: Norms, Actions, and the Foundation of Ethics*, p. 225-244, Dordrecht: Reidel.

[42] OLPB, *op cit.:* 21-22; OLG, *op cit.:* 15-16.

ciplina por el nombre de *logic of imperation* o *logic of the will*, «una rama particular de la lógica, nunca tratada por Aristóteles», con lo que mostraba ser consciente de la innovación de su contribución.

Por estas razones, me ocuparé aquí de la lógica deóntica de Bentham. En primer lugar prsentaré *in nuce* las principales ideas acerca de la lógica deóntica y su interpretación. En segundo lugar, la teoría en relación con las reglas y sus excepciones. Y, finalmente, consideraré el enfoque benthamiano del mecanismo de derogación y su relación con las permisiones jurídicas.

Según Bentham[43] la idea de una ley singular tiene dos ingredientes esenciales: el «acto» y el «aspecto». Los actos son los objetos de las leyes, mientras que los aspectos son las diferentes voliciones o actitudes adoptadas por el legislador hacia estos objetos. Los aspectos de las leyes operan sobre los actos en el sentido en el que los «operadores deónticos» se aplican a clases de acciones en las lógicas normativas contemporáneas.[44]

Los aspectos pueden ser, por un lado, «directivos» (decididos) o «no-directivos» (indecisos, neutrales);[45] por otra parte, los aspectos pueden ser afirmativos o negativos. Un aspecto directivo y afirmativo en relación con un tipo de acción, tal como *A*, consiste en un «mandato»*;* un aspecto directivo y negativo con respecto a una acción *A* expresa una «prohibición»; un aspecto no-directivo y negativo equivale a un no-mandato; y un aspecto no-directivo y afirmativo es una «permisión» (una no prohibición).

Usando los ejemplos y la formalización del autor, podemos decir que: *Every householder shall carry arms*, es un ejemplo de «mandato»*; No householder shall carry arms*, es un ejemplo de «prohibición»; *Any householder may forbear to carry arms*, es un «no-mandato»; y *Any householder may carry arms*, es una «permisión».

Podemos representar los operadores deónticos con *O* para «obligatorio», *F* para «prohibido», y *P* para «permitido». Si aceptamos la

---

[43] *Ibidem*: 251; *Ibidem*: 94.

[44] En von Wright, "Deontic Logic", *op cit.*, los operadores deónticos son también seguidos por letras mayúsculas que denotan clases de acciones, acciones tipo. Hart y Raz notan la identidad entre los aspectos benthamianos y las modalidades deónticas de la lógica contemporánea. Hart, H. L. A., *Essays on Bentham, op cit.*: 113; Raz, J. *The Concept of a Legal System*, p. 55, Oxford: Oxford University Press.

[45] OLPB, *op cit.*: 272; OLG, *op cit.*: 95.

posibilidad de negar los operadores, podemos obtener las siguientes definiciones:

- Definición I: $P(A) = \neg\, O \neg (A)$
- Definición II: $P(A) = \neg\, F(A)$.

Si añadimos a estas definiciones, el siguiente axioma, una vez llamado por von Wright *la ley de Bentham*:[46]

- Axioma: $O(A) \rightarrow \neg\, F(A)$,

Obtenemos así el núcleo del llamado (*-faut de mieux*, usando de nuevo palabras de von Wright) «sistema clásico de la lógica deóntica».

Bentham consideró que entre los mandatos, los no-mandatos, las prohibiciones y las permisiones «subsiste un tipo de relación tal que algunos de ellos son necesariamente excluyentes y repugnantes, mientras otros son necesariamente concomitantes» y estas relaciones son como sigue (las peculiaridades lingüísticas del pasaje hacen aconsejable dejarlo en inglés):[47]

First, it may be commanded: it is then left unprohibited: and it is not prohibited nor left uncommanded. 2. It may be prohibited: it is then left uncommanded: and it is not commanded nor permitted (that is left unprohibited). 3. It may be left uncommanded: it is then not commanded: but it may be either prohibited or permitted: yet so as that, if it be in the one case, it is not in the other. 4. It may be permitted: it is then not prohibited: but it may be either commanded or left uncommanded: yet so as that, if it be in the one case, it is not in the other, as before.

A command, then, includes a permission: it excludes both a prohibition and a non-command. A prohibition includes a non command: and it excludes both a command and a permission. A non-command of itself does not necessarily include either a prohibition or a permission: but it excludes a command: and as a prohibition and a permission exclude one

---

[46] Henrik von Wright, G. "On the Logic of Norms and Actions", en R. Hilpinen (ed.) (1981), *New Studies in Deontic Logic. Norms, Actions, and the Foundations of Ethics*, p. 3-35, Dordrecht: Reidel.

[47] OLPB, *op cit.*: 254; OLG *op cit.*: 97.

another, it can only be accompanied with one of them at a time: and as they are contradictory to each other, it must be accompanied with one or other of them.

A pesar de que Bentham no se da cuenta de las analogías entre las relaciones modales y las deónticas, parece que comprendió las semejanzas que había con las operaciones de conversión de proposiciones de la lógica tradicional (que había estudiado en el manual de Sanderson en Oxford)[48] y las posibilidades de las relaciones entre los operadores deónticos. De hecho, Bentham mismo nunca reprodujo el diagrama del cuadrado de oposición que en la lógica aristotélica permite establecer las relaciones siguientes entre oraciones universales afirmativas (*A*, todo S es P), oraciones universales negativas (*E*, ningún S es P), oraciones particulares afirmativas (*I*, algún S es P) y oraciones particulares negativas (*O*, algún S es no P).

Cuadro 1

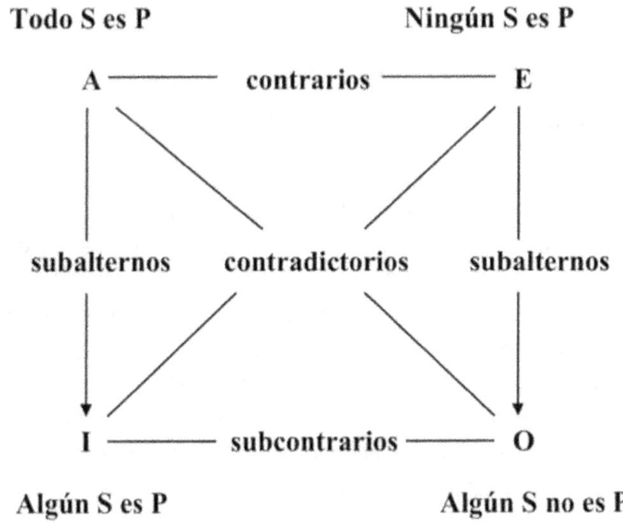

---

[48] Ver: OLPB, *op cit.*: 253; OLG, *op cit.*: 96. También ver: Bentham, J. (1968), *Correspondence*, en T.L.S. Sprigge (ed.), vol. I, p. 47, Londres: The Athlone Press.

Las relaciones expresadas en el diagrama son en realidad una pequeña parte de la lógica de predicados contemporánea, si limitamos los casos en que las oraciones tipo *A* implican a las de tipo *I,* a los supuestos en que la clase de los sujetos de *A* no es vacía. Un cuadrado modal es accesible también:

Cuadro 2

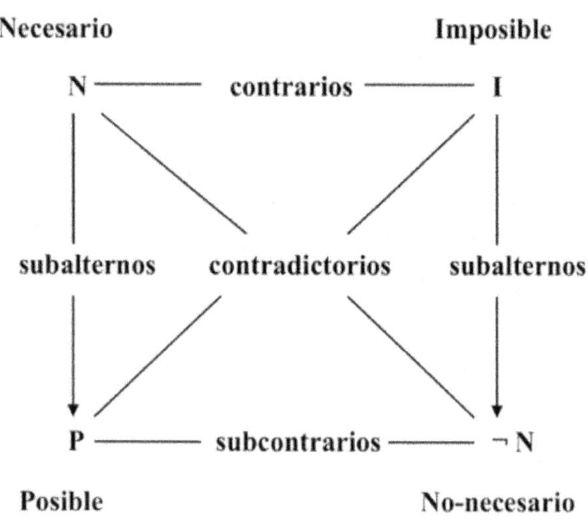

Conforme a este cuadrado modal de oposición, todas las proposiciones son o necesarias o imposibles; o posibles y no necesarias, es decir, contingentes. Por analogía puede decirse que toda acción es obligatoria (*commanded*) o prohibida (*forbbidden*), o es permitida (*permitted*) y no-obligatoria (*non-commanded*), es decir, facultativa. Entonces, todas las relaciones expresadas por el texto de Bentham están contenidas en el cuadrado deóntico, donde «Obligatorio» ocupa el lugar de «Necesario», «Prohibido» sustituye a «Imposible», «Permitido» a «Posible» y «No-obligatorio» a «No-necesario».

O (A) y *F (A)* son incompatibles, pero sus negaciones no lo son. *P (A)* y *¬O (A)* son compatibles, pero sus negaciones no lo son. *O (A)* y *¬O (A)* y sus negaciones son incompatibles y lo mismo ocurre con *F (A)* y *P (A)*. *O (A)* implica *P (A)* como *F (A)* implica *¬O (A)*. Estas relaciones sintetizan la lógica deóntica de Bentham y pueden derivarse fácilmente de las definiciones I y II y del axioma. Por ejemplo, para probar que $O\ (A)$ implica $P\ (A)$, basta con sustituir en el axioma $[O\ (A) \rightarrow \neg F\ (A)]$ el consecuente por su equivalente en la Definición II, es decir, $P\ (A)$.[49]

Cuadro 3

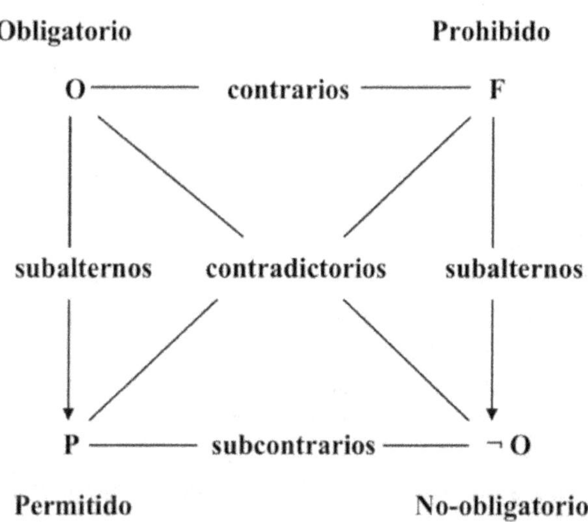

Sin embargo, ¿cuál es la interpretación adecuada de esta lógica? ¿Qué pueden significar las expresiones de Bentham «necesariamente repugnantes» y «necesariamente concomitantes» en este contexto? Que necesario e imposible se repugnan significa, es obvio, que nunca es verdad que alguna proposición p sea al mismo tiempo (en las mismas circunstancias, podemos decir) necesaria (verdadera en todos los mundos posibles) e imposible (falsa en todos los mundos posibles). Pero las ora-

---

[49] Una presentación similar de la lógica deóntica de Bentham en *The Concept of a Legal System, op cit.*: 53-56; Lyons, D. (1972), "Logic and Coercion in Bentham's Theory of Law", *Cornell Law Review*, 57, p. 335-362; *In the Interest of the Governed, op cit.*; Lindhal, L. (1977), *Position and Change. A Study in Law and Logic*, p. 4-11, Dordrecht: Reidel; Lysaght, L.J. (1973), "Bentham on the Aspects of Law", en M.H. James (ed.), *Bentham and Legal Theory*, p. 117-132, Belfast: Northern Ireland Legal Quarterly; Mullock, P. (1979), "Logic and Liberty", *Philosophical Studies*, 35, p. 217-238; Huisjes, C. H. (1981), *Norms and Logic*, p. 15-19, Kampen: Copiëerinnchtig v.d. Berg; *Essays on Bentham, op cit.*: 14, cap. 5; *La teoría del derecho de Bentham, op cit.*: 14, cap. IV.

ciones deónticas no parecen candidatos aptos para la verdad y la false-dad. No hay acuerdo acerca de la mejor interpretación semántica de las ideas sobre lógica deóntica de Bentham.[50] Tal vez no fue capaz de distinguir entre la aserción de que alguien desea algo y la expresión del deseo de ese alguien y, por lo tanto, no se dio cuenta de que los valores de verdad no son aplicables a los mandatos. Sea como fuere, la interpretación semántica es uno de los problemas más relevantes de la lógica deóntica.[51] Se ha sugerido alguna vez que las oraciones deónticas se refieren a mundos posibles, en los cuales todos los mandatos son cumplidos y cada permisión es usada al menos en un mundo posible. Estos son mundos «deónticamente» perfectos o «mundos ideales». En este sentido, en las reglas y principios de la lógica deóntica pueden contemplarse como un conjunto de criterios mínimos para una legislación racional.[52] Cuando Bentham[53] considera la posibilidad de una antinomia completa entre normas, afirma que una debe derogar a la otra «en caso contrario, debería suponerse que el legislador habría querido contradecirse: habría querido que el mismo acto sea realizado y no lo sea al mismo tiempo». Bentham parece suponer aquí que las relaciones de repugnancia y concomitancia definen la actividad de la y proposiciones normativas legislación racional.

También distinguió entre una forma directa y otra indirecta de las órdenes,[54] considerando formulaciones de la primera, mandatos como «Prohibida la exportación de maíz» (o incluso «es mi deseo que no exportes maíz») y caracterizando el modo indirecto de la siguiente forma:

El legislador que habla como si fuera otra persona que explica la situación en la que están las cosas, como consecuencia de los arreglos del propio legislador. A nadie le está permitido exportar maíz. Es ilegal la

---

[50] Ver las clarividentes observaciones de David Lyons en *In the Interest of the Governed, op cit.*: 120-124.

[51] Hilpinen, R. "Deontic Logic", *op cit.*; McNamara, P. "Deontic Logic", *op cit.*

[52] Henrik von Wright, G. (1983), "Norms, Truth, and Logic", en G.H. von Wright, *Practical Reason. Philosophical Papers,* vol. 1, p. 130-209 Oxford : Basil Blackwell; Alchourrón, C. E. y E. Bulygin (1984), "Pragmatic Foundations for a Logic of Norms", en *Rechtshtheorie,* 15, p. 453-464.

[53] OLPB, *op cit.*: 137; OLG, *op cit.*:127.

[54] OLPB, *op cit.*: 163-4; OLG, *op cit.*: 154.

exportación del maíz. Nadie tiene un derecho de exportación del maíz. La exportación del maíz está prohibida.

A pesar de que ésta sugiere la distinción entre «normas» (de naturaleza prescriptiva) y «proposiciones normativas» (de naturaleza descriptiva),[55] Bentham nunca desarrolló esta idea crucial para la lógica de normas contemporánea.

En la literatura reciente de lógica deóntica, una de las cuestiones persistentes es la posibilidad de «derrotar» o «revocar» reglas condicionales. Pocas veces las excepciones se incorporan a la formulación de la regla, usualmente se formulan en otras reglas o aparecen como implícitas.

Por esta razón, la representación lógica de nuestro sistema de reglas se enfrenta con un problema importante.[56] Tomemos por ejemplo la regulación jurídica del hurto. Aunque está penalmente prohibido, hay circunstancias, como las casusas de justificación (el estado de necesidad) o las causas de exculpación (el miedo insuperable) en las cuales no lo está. Seguramente esta es la razón por la cual Bentham escribió:

> Para hacer suficientemente inteligible la ley contra el hurto de modo que presente una idea clara del delito debe ser convenientemente traducida en una ley que prohíbe apropiarse de algo ajeno bajo determinadas circunstancias; circunstancias que al ser especificadas constituyen muchas limitaciones o excepciones a la prohibición general contra apropiarse de algo ajeno.[57]

No sólo toma en consideración este rasgo importante de los sistemas jurídicos, sino que articula una relación prometedora entre cláu-

---

[55] Tal distinción con explícita referencia a Bentham se puede ver en Bulygin, E. (1982), "Norms, Normative Propositions, and Legal Statements", en G. Floistad, G., *Contemporary Philosophy. A New Survey: Philosophy of Action,* vol. 3, p. 107-125, The Hague: Martinus Nijhoff.

[56] Por ejemplo: Alchourrón, C. E. (1993), "Philosophical Foundations of Deontic Logic and the Logic of Defeasible Conditionals", en J.J. Meyer y R.J. Wieringa (eds.), *Deontic Logic in Computer Sciences: Normative System Specifications,* p. 43-84, Nueva York: Wiley & Sons; Prakken, H, y G. Sartor, (eds.) (1997), *Logical Models of Legal Argumentation,* Dordrecht: Kluwer.

[57] OLPB, *op cit.*: 129; OLG, *op cit.*: 119.

sulas de excepción y cláusulas de limitación: «Una permisión con una excepción, es equivalente a una prohibición con una limitación».[58]

De igual modo un mandato condicional puede convertirse en un no-mandato general y un mandato particular que lo exceptúa. Esto es, un no-mandato con una excepción es equivalente a un mandato con una limitación; un no-mandato condicional en un mandato general y una permisión particular que lo exceptúa, es decir que un mandato con una excepción es a un no-mandato con una limitación; una permisión condicional equivale a un no-mandato con una limitación; una permisión condicional por lo tanto es como una prohibición general y una permisión particular que lo exceptúa, es decir, que una prohibición con una excepción equivale a una permisión con una limitación.

En nota añade el autor, testimoniando así su brillante capacidad para la técnica y la redacción, ejemplos de expresiones limitativas: *where, when, only, if, so that, provided that.* Y expresiones exceptivas: *except, without, unless, except where, except when, but, yet, but not, but not if, if not, nevertheless, however, notwithstanding.*

La pasión benthamiana por la claridad y la certeza del derecho le llevó al sueño de una reconstrucción ideal de las normas jurídicas que contuviera todas las excepciones posibles. Ahora, creo, tenemos buenas razones para ser algo más escépticos al respecto.

En uno de los más influyentes trabajos en la teoría de las normas y la lógica deóntica de ya hace 30 años, Alchourrón y Bulygin presentaron una concepción en las normas, la concepción expresiva, según la cual hay un solo tipo de acto normativo: el acto de ordenar.[59] Esto es, hay sólo normas de mandato que obligan y otras que prohíban. Las permisiones son meramente una noción negativa, la ausencia de prohibiciones. Los actos de garantizar las permisiones son actos de retirar prohibiciones previas, esto es, la derogación de una prohibición anterior.

Tal vez algunas ideas benthamianas puedan ser consideradas presentaciones rudimentarias de la concepción expresiva. En primer lugar, y como ya sabemos, Bentham consideraba que todo mandato y toda prohibición solamenye es una limitación o excepción de una pre-

---

[58] OLPB, *op cit.*: 125; OLG, *op cit.*: 116.

[59] Alchourrón, C. E. y E. Bulygin (1981), "The Expressive Conception of Norms", en R. Hilpinen (ed.), *New Studies in Deontic Logic. Norms, Actions, and the Foundations of Ethics*, p. 95-124, Dordrecht: Reidel.

establecida ley de libertad, un mundo en el que todas las acciones están permitidas. En unas bellas y metafóricas palabras de Bentham:

> Las fases abrogativas y permisivas del derecho situadas simultáneamente en el sistema universal de las acciones humanas son expresadas por la ya mencionada ley de libertad: un extensión ilimitada en la cual varias leyes eficientes aparecen como varias manchas; como islas y continentes que se proyectan en el océano o bien como cuerpos materiales proyectados hacia la inmensidad del espacio.[60]

Para él, los no-mandatos y las permisiones son sólo leyes *de-obligatory*, que sólo actúan «donde la ley primordial o cualquier parte de ella es destruida, es declarada rechazada y excluida del código».[61]

En otras palabras, la función principal de las permisiones es repeler normas de obligación y prohibición previas, es decir, la permisión tiene la tarea de la derogación de normas. Conservo el texto en inglés para preservar las expresiones benthamianas también aquí: «Laws are either obligative or de-obligative: commands or countermands. As to de-obligative, in a regular body of law there will be neither need nor room for them: their only business is to destroy others: and they perish when they have performed their office».[62]

5. Utilitarismo y democracia

Para Bentham el utilitarismo constituye el fundamento necesario para construir una teoría de la legislación y una teoría de las políticas adecuadas a las necesidades y aspiraciones de los seres humanos.

La mayor parte del libro IPML está dedicado a un análisis de las condiciones en las que tienen lugar las acciones humanas con la finalidad de diseñar las bases adecuadas para el derecho penal (una tercera parte del libro está dedicada a una extensa y, algunas veces, compleja en exceso división de los delitos).

---

[60] OLPB, *op cit.*: 130; OLG, *op cit.*: 120.
[61] *Ibidem*: 182; *Ibidem*: 170.
[62] *Ibidem*: 220; *Ibidem*: 223.

Bentham sentía gran admiración por la obra de Beccaria, *Dei delitti e delle pene*,[63] quien había escrito en el libro más emblemático de la reforma penal ilustrada: «La massima felicità divisa nel maggior numero». Bentham, a la los 20 años, al leer a Helvétius, un ilustrado que insistía en la capacidad humana de adaptación a los incentivos externos como fundamento de una gran reforma legislativa, decidió que tenía el «genio» suficiente para dedicar toda su vida a la legislación.[64]

Conforme a Bentham, la legislación y las instituciones de su época necesitaban una gran reforma para adecuarse al principio de utilidad. Al comienzo pensó que esta reforma podrían llevarla a cabo los responsables de los sistemas políticos de su tiempo. Por esta razón trató de convencer a monarcas, como Catalina de Rusia para que aceptasen sus proyectos. Más adelante, asumió la necesidad de un cambio hacia la democracia radical como un paso previo de la reforma necesaria (ya he hecho referencia a que el conocimiento y la amistad con James Mill tienen mucho que ver con este cambio).

La teoría de la legislación benthamiana parte de la base de que la legislación es un instrumento susceptible de variar los intereses de los individuos y de hacer que se conformen con el interés público. Fundamentalmente se trata de que la legislación desincentive aquellas conductas contrarias a la maximización del bienestar colectivo.

Para Bentham, consistente con sus principios filosóficos, el interés público no era ninguna extraña entidad espiritual que animaba las sociedades humanas, sino simplemente la suma de los intereses individuales:

El interés de la comunidad es una de las expresiones que más generalmente aparecen en la fraseología de la moral: no es extraño que su significado sea a menudo nebuloso. Cuando tiene siginificado es como sigue: la comunidad es un cuerpo ficticio, compuesto por las personas individuales que son sus miembros constituyentes. ¿Qué es, entonces, el interés de la comunidad? Pues bien, nada más que la suma de los intereses de los miembros que la componen.[65]

---

[63] Venturi, F. (ed.) (1978), Torino: Giulio Einaudi.

[64] Helvétius, C. A. (1758), *De l'esprit*, disponible en: <http://pedagogie.ac-toulouse.fr/philosophie/textes/helvetiusesprit.htm>. La cita de Bentham en "Memoirs and Correspondence".

[65] IPML, *op cit.*: 12.

Los fines de la legislación que, con arreglo a las ideas de Bentham, están vinculados al logro de la felicidad son cuatro: *1)* la subsistencia, *2)* la abundancia, *3)* la seguridad y *4)* la igualdad.

Entre estos fines el más importante es la seguridad. Ya que, según Bentham, está intrínsecamente unida con la capacidad de los seres humanos para diseñar sus proyectos de vida. Sin la seguridad, sería una tarea imposible. Por lo tanto, la legislación debe primordialmente asegurar las condiciones de vida de las personas.

Consideraba que la subsistencia y la abundancia son fines que la misma naturaleza humana procura que las personas se esmeren por conseguir. Si la legislación mantiene la seguridad, de modo indirecto ya sostiene las condiciones que hacen posible el acceso a los bienes de las personas. En cualquier caso, Bentham pensaba que el estado ha de intervenir para procurar las condiciones de subsistencia de aquellos individuos peor situados en la distribución social de los ingresos y la riqueza.[66]

Vale la pena que nos detengamos un momento en los problemas de ordenación jerárquica de estos fines, por lo que se refiere a dos cuestiones al menos: *a)* la relación entre la libertad y la seguridad, y *b)* la relación entre la libertad y la igualdad.[67]

a) Bentham era consciente de que la ausencia de la libertad entre los fines del derecho podría causar sorpresa:

Algunas personas pueden sorprenderse al comprobar que la libertad no figura entre los principales fines del derecho. Pero, una idea clara de la libertad la coloca como una rama de la seguridad. La libertad personal es la seguridad contra todo tipo de injerencias en las personas. La llamada libertad política es otra rama de la seguridad, la seguridad contra las injusticias de los que detentan el poder público.[68]

Es claro que Bentham entendía la libertad como libertad de los modernos, como ausencia de coacción. En la conocida distinción de

---

[66] *The Theory of Legislation* [1864]. (New York, Dobbs Ferry, 1975), p. 61 y ss.

[67] Puede verse Moreso, J.J., *La teoría del Derecho de Bentham, op. cit.*:324-333.

[68] *The Theory of Legislation, op cit.*: 59.

Berlin como libertad negativa: «Digo que soy libre en la medida en que ningún ser humano interfiere en mi actividad».[69]

En consecuencia con estas concepción, proponía la despenalización de muchas conductas castigadas por el sistema inglés del momento (como la homosexualidad),[70] puesto que castigarlas no proporcionaba felicidad a nadie y era, en cambio, una fuente de dolor para los condenados. Esta idea, como otras, conducía a Bentham a una posición similar a la defendida por Mill en su famoso *On Liberty*.[71] Si bien es cierto que Bentham no pensaba que ello fuese una condición indispensable para el progreso del género humano, como pensaba Mill, quien tenía una concepción más optimista sobre la naturaleza humana que Bentham.

b)Antes me he referido a que una de las acusaciones más habituales al utilitarismo sostiene que este socava los requerimientos de la justicia, una objeción ya contemplada por el propio Mill.[72] Tal vez el rasgo más relevante que cualquier concepción de la justicia debe preservar es el de la imparcialidad, y la imparcialidad significa un trato igual para todos. Por esta razón, Mill afirma que el principio de utilidad ha de ser complementado por lo que él denominó el *dictum* de Bentham: «Todos cuentan por uno y nadie por más de uno».[73] Bentham, que atisbó el problema de Mill, trató de modificar su propia presentación del principio para evitar la tiranía de la mayoría, afirmando que en realidad el principio perseguía la felicidad de todos y, sólo en caso de imposibilidad, la de la mayoría.[74]

En cualquier caso, suele añadirse a esta crítica que el utilitarismo defendería como correctas distribuciones muy desiguales de la riqueza.

---

[69] Berlin, I. (1977), "Two Concepts of Liberty", en A. Quinton (ed.), *Political Philosophy*, Oxford: Oxford University Press.

[70] Bentham, J. *Offences Against One's Self*, en L. Crompton (ed.), disponible en: <http://www.columbia.edu/cu/lweb/eresources/exhibitions/sw25/bentham/index.html>.

[71] Middlesex: Penguin Books, 1974. Ver: Long, D. (1977), *Bentham on Liberty*, Toronto: University of Toronto Press.

[72] Mill, J. S. (1985), "Utilitarianism", en J. M. Robson (ed.), *The Collected Works of John Stuart Mill, Volume X - Essays on Ethics, Religion, and Society*, cap. 5, Toronto: University of Toronto Press, Londres: Routledge and Kegan Paul, disponible en: <http://oll.libertyfund.org/?option=com_staticxt&staticfile=show.php%3Ftitle=241&chapter=21500&layout=html&Itemid=27>.

[73] Mill, J. S., "Utilitarianism", *op cit.*

[74] *Deontology, op cit.*: 309.

A esta objeción sólo puede replicarse sosteniendo que Bentham no defendía la maximización de la riqueza, sino de la utilidad y que, por lo tanto, era sensible a la ley de la utilidad marginal decreciente, que permite una cierta política redistributiva. Bentham era, sin duda, un defensor de la economía de mercado, pero mantenía la necesidad de la intervención estatal en él: para asegurar la subsistencia y la educación, para compensar las externalidades que el mercado produce, etcétera.[75] De hecho, Bentham escribió: «No tengo, ni nunca he tenido ni tendré, aquel horror sentimental o anárquico a la mano del gobierno. Esto lo dejo a Adam Smith y a los campeones de los derechos humanos».[76]

Bentham sostuvo que para el logro de los fines establecidos era necesario un inmenso proyecto legislativo y codificador. Su crítica al Common Law hay que entenderla desde esta óptica.[77] El Common Law, el conjunto de principios no escritos que los jueces aplicaban para resolver los casos, era para Bentham una entidad fabulosa, que servía al poder judicial inglés del momento (al que Bentham se refería despectivamente como *Judges and Co.*)[78] para decidir los casos arbitrariamente (Derecho *ex-post facto*), lo que obviamente afectaba profundamente a la seguridad. Bentham defendía que las leyes han de ser conocidas por sus destinatarios y que han de ser claras, concisas y completas, así como «racionales», en el sentido de que contengan las razones que han conducido a una determinada solución legislativa.[79] Las reglas desconocidas u oscuras no pueden ni resolver los conflictos, ni hacer posible la coordinación entre sus destinatarios, que son las bases de la seguridad.

Convertido Bentham a la democracia radical, dedicó sus últimos años a un esfuerzo hercúleo para preparar un proyecto de Código constitucional capaz de armonizar el utilitarismo con la democracia.[80]

---

[75] Ver para ello la edición de William Stark en tres volúmenes de los escritos económicos de Bentham, J. *Economic Writings*, Londres: George Allen & Unwin. También ver: Steintrager, J. (1977), *Bentham*, Ithaca-Nueva York: Cornell University Press.

[76] *Economic Writings*, III, *op cit.*: 258.

[77] Ver la significativa obra de Postema, G. J. (1986), *Bentham and the Common Law Tradition*, Oxford: Oxford University Press.

[78] Bowring, E. *Rationale of Judicial Evidence*. VII, p. 199-210.

[79] Ver como ejemplo, Bowring, E., *Codification Proposal*.

[80] El mejor estudio sobre el tema es Frederick Rosen, *Jeremy Bentham and the Representative Democracy. A Study of the Constitutional Code*. (Oxford: Oxford University Press, 1983). El juicio de Rosen sobre este aspecto de la obra de Bentham es altamente

El objetivo del Código era el de siempre: «El objetivo omnicomprensivo de esta constitución, su fin desde el comienzo hasta el final, es la mayor felicidad para el mayor número de todos aquellos que componen la comunidad política».[81]

Es curioso que Bentham imaginase como primeros destinatarios de su proyecto a las monarquías (por entonces, a principios de los 20 del siglo XIX, constitucionales) española y portuguesa. Caídos los regímenes liberales ibéricos pensó en las recientemente formadas repúblicas sudamericanas y, más adelante decía, en el Imperio británico.

Era un sistema democrático en el cual la soberanía reside en el pueblo (la autoridad constitutiva) que la ejerce por medio del sufragio virtualmente universal (Bentham no hallaba buenas razones para excluir a las mujeres, aunque creía que los tiempos no estaban maduros todavía para ello).[82] Los electores eligen a los miembros del poder legislativo (por un periodo de un año) y pueden conseguir el cese de los miembros de la legislatura, del ejecutivo y del judicial. Los instrumentos de control están en manos de lo que Bentham denominó el Tribunal de la Opinión pública, una semi-institucionalización de la opinión pública. Por esta razón, la libertad de expresión devino la columna vertebral de su concepción de la democracia. El poder legislativo, compuesto de una sola Cámara, nombra y depone a los miembros del

---

elogioso: 'El Código de Bentham es el texto utilitarista clásico sobre la democracia representativa; muy superior en dimensión, profundidad y sutileza a los de James Mill y John Stuart Mill, y contiene argumentos e intuiciones de gram importancia para la teoría de la democracia de hoy'. Vd. también J.J., Moreso, *La teoría del Derecho de Bentham*, supra nota 14, p. 361-382.

[81] *Constitutional Code, op cit.*: 18-19.

[82] En el *Constitutional Code, op cit.*: 30-32, quedan excluidos del derecho de sufragio: los menores de 21 años, las mujeres, los analfabetos (incapaces de leer el certificado del voto y algunos pasajes del Nuevo Testamento) y para ejercitarlo había que acreditar que se habái residido unas pocas semanas en el distrito. En *Radical Reform Bill* [1819], (ed. Bowring, III, p. 567 nota) sostiene que la exclusión de las mujeres está basada únicamente en un prejuicio carente de justificación. John Stuart Mill cuando critica las ideas de su padre que arguían contra el voto de las mujeres, dice (*Autobiography*, (1873), *The Collected Works of John Stuart Mill, Volume I - Autobiography and Literary Essays*, en J. M. Robson and Jack Stillinger (eds.), Toronto: University of Toronto Press, Londres: Routledge and Kegan Paul, 1981): 'Tengo la suerte de poder decir que, en esta cuestión importante, Bentham estaba completamente de nuestra parte'.Sobre el presunto feminismo de Bentham puede verse la discusión entre Terence Ball, 'Was Bentham a Feminist?, *The Bentham Newsletter*, 4 (1980): 25-32 y Lea Campos Boralevi, 'In Defence of a Myth' *The Bentham Newsletter*, 4 (1980): 33-46.

ejecutivo y es omnicompetente: su poder carece de límites, aunque tiene controles. Imaginó un ejecutivo con amplias competencias y con una distribución de ministerios sorprendentemente semejante a la actual (con educación, salud y ayuda a la indigencia).[83] Otra razón que aleja a Bentham de los defensores del Estado vigilante nocturno. Sugería también una compleja estructura para el poder judicial, al que dejaba la importante pero específica función de aplicar las leyes. Nunca podían dejar de aplicarlas, ni siquiera si consideraban que su aplicación resultaría contraria al principio de utilidad; en este caso podían elevar una consulta a la legislatura (semejante *referé législatif* francés) y esperar la respuesta.

Uno de los aspectos más sorprendentes para el lector de Bentham es la falta de una declaración de derechos fundamentales en su sistema, ya conocemos su crítica a las declaraciones de derechos. En lugar de derechos, introduce un complicado mecanismo de controles que denomina *securities*: controles destinados a conseguir el cese de las autoridades que abusen de su poder. ¿Sería un sistema como este suficiente para evitar los abusos del poder y, en especial, para evitar la tiranía de la mayoría impuesta desde el legislativo? Sea como fuere, los críticos del utilitarismo siempre han pensado que su aspecto menos atractivo es precisamente esta posibilidad de sacrificar las garantías individuales en aras del bienestar colectivo. Y así, en algunas ocasiones, el utilitarismo puede justificar la tortura o el castigo de un inocente.[84]

A diferencia de Mill, Bentham no confiaba en la capacidad de la democracia para mejorar al género humano. Creía que la función de las leyes y las instituciones no ha de consistir en influir moralmente en las personas, sino en impedir que se impongan lo que siempre llamó los *sinister interests*, procurando que sea más costoso para los gobernan-

---

[83] Hay que considerar que Bentham escribía en una situación en la cual, en palabras de David Roberts (1974), "Jeremy Bentham and the Victorian Administrative State", en B. Parekh (ed.): *Jeremy Bentham. Ten Critical Essays,* Nueva York: Frank Cass, p. 189, referidas al año 1833, un año después de la muerte de Bentham: 'La administración victoriana carecía de ordenación y de planificación. No estaba centralizada, no era eficiente y hacía poco por el bienestar de los ciudadanos. El House Office sólo tenía 30 personas empleadas y el Board of Trade sólo 20. El gobierno central no hacía nada en relación con la educación, la salud o la ayuda a los pobres».

[84] Rosen, F. (1997), "Utilitarianism and the Punishment of the Innocent: The Origins of a False Doctrine", en *Utilitas*, 9, p. 2337; Schofield, P. *Bentham. A Guide for Perplexed, op cit.* cap. 7.

tes perseguir estos intereses que el interés público. Tenía una visión moderadamente pesimista del ser humano y partía de la asunción según la cual los seres humanos actúan racionalmente para alcanzar sus fines, que la mayoría de personas en todas las sociedades desean poder, estatus y objetivos económicos y que las restricciones internalizadas en relación con estos fines son menos significativas que las sanciones impuestas como jurídicas o la desaprobación pública.[85]

Es obvio que la teoría política del utilitarismo ha de enfrentar muchos y graves problemas desde el punto de vista normativo, pero su instrumental analítico ha mostrado ser un buen precedente de metodologías que después han resultado centrales a la reflexión contemporánea en ciencias sociales, parcialmente las bases de la microeconomía contemporánea son *benthamianas*, la teoría política y social de la Rational Choice y el movimiento Law & Economics en el ámbito del pensamiento jurídico corroboran lo acertado de algunas de las intuiciones benthamianas.

6. Benthams *post* Bentham

Bentham fue un autor influyente, especialmente en el ámbito anglosajón. Fue el fundador del radicalismo filosófico y, aunque hay dudas sobre la incidencia real de sus seguidores en las reformas políticas de la Inglaterra victoriana,[86] su influencia llega hasta la sociedad Fabiana y, a través de ella, hasta la fundación del partido laborista británico.[87]

También en España tuvo cierta influencia, en diversos profesores de la Universidad de Salamanca, Ramón salas y Toribio Núñez y en los liberales del trienio, entre los que destaca la correspondencia con el conde de Toreno, presidente de las Cortes durante un periodo y al que Bentham trataba de persuadir de las bondades de sus ideas para el proyecto de Có-

---

[85] Ver: Barry, B (1970), *Sociologists, Economists and Democracy*, p. 9-10, Londres: The MacMillan Co.

[86] Beynon, H. (1981), "Mighty Bentham", *The Journal of Legal History* , 2, p. 63-72.

[87] Ver, porejemplo, Irvine, W. (1947), "Shaw, the Fabians and Utilitarianism", *The Journal of the History of Ideas*, 8: 218-231; Coates, W.H. (1950), "Benthamism, Laissez Faire and Collectivism", *The Journal of the History of Ideas*, 11, 357-267 y Mary P. Mack, 'The Fabians and Utilitarianism', *The Journal of the History of Ideas*, 16 (1955): 76-88.

digo penal de 1822.[88] Restaurado el absolutismo, se dedicó a tratar de influir en las recién independientes repúblicas americanas, y tuvo relación personal o epistolar con Bernardino Rivadavia, Francisco de Miranda, Simón Bolívar y, sobre todo, con Francisco de Paula Santander en Colombia.[89] Mantuvo, desde el comienzo de la independencia, una compleja relación con los Estados Unidos y una interesante correspondencia con James Madison.[90]

Sin embargo, Bentham ha develado pasiones a favor y en contra de los elogios mayores a las descalificaciones más hirientes. El caso de John Stuart Mill, a quien lo conoció bien, con una opinión matizada y sutil es más bien excepcional.

La izquierda radical, marxista o no, lo ha vilipendiado. Karl Marx descalificó ferozmente su figura (aunque hay opiniones más matizadas del mismo Engels):

Jeremy Bentham es un fenómeno puramente inglés. Aún sin exceptuar a nuestro filósofo Christian Wolf, en ninguna época y en ningún país se ha hecho nunca tal alarde, y con tanta autosatisfacción, del lugar común más adocenado. El «principio de la utilidad» no es ningún invento de Bentham. Éste se limita a reproducir sin ingenio alguno lo que Helvétius y otros franceses del siglo XVIII habían dicho ingeniosamente. Cuando se quiere saber, pongamos por caso, qué es útil para un perro, hay que escudriñar en la naturaleza canina. Es imposible construir esta naturaleza a partir del «principio de la utilidad». Aplicando esto al hombre, quien quisiera enjuiciar según el principio de la utilidad todos los hechos, movimientos, relaciones, etcétera, del hombre, debería ocuparse primero de la naturaleza humana en general y luego de la naturaleza humana modificada históricamente en cada época. Bentham no pierde tiempo en esas bagatelas. Con la aridez más ingenua parte del supuesto de que el filisteo

---

[88] Ver, por ejemplo, Pérez Luño, A.E. (1981), "Jeremy Bentham and the Legal Education in the University of Salamanca during the Nineteenth Century", *The Bentham Newsletter*, 5, p. 44-54. Recientemente en (2012), *The Collected Works of Jeremy Bentham* se ha publicado *On the Liberty of the Press, and Public Discussion, and others Legal and Political Writings for Spain and Portugal*, en C. Pease-Watkin y P. Schofield, (eds.), Oxford: Oxford University Press.

[89] Ver, por ejemplo, Williford, M. (1980), *Jeremy Bentham as Spanish America. An Account of the Letters and Proposals to the New World*, Baton Rouge-Londres: Louisiana State University Press.

[90] Puede verse "The United States of America" en *Essays on Bentham, op cit.* cap. 3.

moderno, y especialmente el *filisteo inglés*, es el «hombre normal». Lo que es útil para este estrafalario hombre normal y para su mundo, es útil en sí y para sí. Conforme a esta pauta, entonces, Bentham enjuicia lo pasado, lo presente y lo futuro[…] La crítica de arte es nociva, porque a la gente honesta le perturba su disfrute de Martin Tupper, etc. Nuestro buen hombre, cuya divisa es *nulla dies sine linea*, ha llenado con esa morralla rimeros de libros. Si yo tuviera la valentía de mi amigo Heinrich Heine, llamaría a Jeremy Bentham un genio de la estupidez burguesa.[91]

Tal vez, el más ácido de todos es el comentario de Friedrich Nietzsche: «*Der Mensch strebt nicht nach Glück; nur der Engländer thut das*», es decir, «El ser humano no persigue la felicidad, sólo los ingleses lo hacen».[92]

Algunas de las críticas más recientes guardan relación con el proyecto del Panóptico, porque ven en él una prefiguración de la sociedad disciplinaria. Según Michel Foucault, el Panóptico es el principio general de una nueva anatomía política, cuyo objeto no son las relaciones de soberanía, sino las de la disciplina. Un estudio anterior de Gertrudis Himmelfarb, en los años 60, había ya adelantado la idea de que el Panóptico prefiguraba un estado autoritario sin espacios para la libertad.[93]

Macpherson[94] considera las ideas de Bentham (que asimila, tal vez excesivamente, a las de Mill) como una primera versión de la democracia comprendida como una ampliación del mecanismo del mercado, en donde los votantes actúan como consumidores y los partidos políticos como empresarios. Según el autor, esta concepción es la que se ha encarnado en las democracias occidentales. Y para Macpherson se trata de una concepción muy defectuosa que no tiene en cuenta las ventajas

---

[91] Engels, F. (1974), "La situación de la clase obrera en Inglaterra en 1844", en J. Solé Tura (trad.), *Escritos*, p. 89, Barcelona: Península. Marx, K. (1946), *El Capital*, en W. Roces (trad.), p. 514, nota 46, México, Fondo de Cultura Económica.

[92] Nietzsche, F. (1973), *Götzen-Dämmerung, oder, Wie man mit dem Hammer philosophiert*, sec. 12, en A. Sánchez Pascual (trad.), *El crepúsculo de los ídolos*, Madrid: Alianza, disponible en <http://www.gutenberg.org/cache/epub/7203/pg7203.html>.

[93] Michel Foucault, *Surveiller et punir, op. cit.* y Himmelfarb, G., "The Haunted House of Jeremy Bentham", *op cit.* Ver también Marí, E. E., *La problemática del castigo*, Buenos Aires: Hachette.

[94] Macpherson, C.B. (1977), *The Life and Times of Liberal Democracy*, Oxford: Oxford University Press.

de la democracia, comprendida como la realización del género humano (que estaba en germen en la obra de John Stuart Mill) y que el autor vindica bajo el nombre de democracia «participativa». Aunque la crítica lleva, según creo, parte de razón al equiparar en demasía a Bentham con James Mill pierde los aspectos más amables de la concepción benthamiana de la democracia.[95]

Curiosamente y desde una óptica opuesta (la del neoliberalismo que defiende el mecanismo del mercado casi carente de restricciones) la obra de Bentham ha sido criticada como una concepción excesivamente intervencionista. R. Posner ha escrito que algunos aspectos de la obra de Bentham prefiguran el totalitarismo y ha sostenido que él mismo no entiende la utilidad como Bentham, como maximización de la felicidad, sino como maximización de la riqueza. Y añade que visto el lugar que la igualdad ocupa en la obra de Bentham, hay que verlo como un precedente de Rawls.[96]

Si buscáramos una corriente de pensamiento que haya considerado a Bentham como una fuente de inspiración continua para su propio enfoque teórico y normativo, tal vez debería mencionarse el movimiento jurídico conocido como «realismo jurídico americano», vinculado estrechamente con la política rooseveltiana del *New Deal*. B.N. Cardozo, R. Pound, K.N. Lewellyn y F.S. Cohen consideraron la visión empirista de los problemas sociales y el consecuencialismo benthamiano como un antecedente muy válido de su propio proyecto.[97]

Por otro lado, es a partir de los años 60 que el utilitarismo, que había estado tal vez por más de un siglo en la concepción moral predominante en el mundo anglosajón, comenzó a recibir las críticas de las nuevas concepciones de la justicia, fundadas en las teorías de los dere-

---

[95] Ver al respecto Rosen, F., *Jeremy Bentham and the Representative Democracy*, *op cit.*: 222-228; Colomer, J.M. (1987), "Teoría de la democracia en el utilitarismo", en *Revista de Estudios Políticos*, 57, p. 28-29, nota 41.

[96] Posner, R. (1976), "Blackstone and Bentham", en *The Journal of Law and Economics*, 19, pp. 569-606. Ver también Schwartz, P. (1988), "El despotismo democrático de Jeremy Bentham", *Información Comercial española*, 656, pp. 53-70.

[97] Benjamin N. Cardozo, 'Paradoxes of Legal Science' [1928] en *Selected Writings*. (San Francisco: Matthew Bender, 1980); Roscoe Pound, *The Spirit of the Common Law* (Boston: Marshall Jones Co., 1921); Karl N. Llewellyn, "A Realistic Jurisprudence. The Next Step", en *Jurisprudence. Realism in Theory and Practice*, Chicago: The University of Chicago Press, 1962; Cohen, F. S. (1960), "Review of C.K. Ogden's Bentham's Theory of Fictions and Jeremy Bentham's Theory of Legislation", en *The Legal Conscience. Selected Papers*, New Haven: Yale University Press.

chos y en la reformulación de las doctrinas del contrato social. Ya me he referido a ello. Destaca entre todas la concepción de John Rawls, el cual (en mi opinión) muestra con buenos argumentos que el utilitarismo es una doctrina insuficiente para suministrarnos el conjunto de restricciones a la persecución del bienestar colectivo necesario para construir un autogobierno democrático respetuoso con la autonomía moral de todas las personas.[98]

En cualquier caso, la obra de Bentham es inmensa. De su mente analítica tenemos todavía mucho que aprender y su planteamiento empirista de los problemas sociales aún nos promete, en muchos ámbitos, conocimientos fecundos. Pero nadie nos exige ninguna adhesión. A veces sus posiciones, y sus afirmaciones, nos sorprenden, desconciertan y asustan, como la siguiente, del *Panóptico* precisamente (como si la leyéramos en Georges Orwell por ejemplo):[99] «Llamadles soldados, llamadles monjes, llamadles máquinas, no importa; lo único que importa es que sean felices».

Por estas razones, lo mejor es estudiar la obra de Bentham con el mismo espíritu crítico que él predicaba. Como se ha comprendido en el contexto del *Bentham Project,* que cuida de la publicación de su obra completa, la obra precisa para su comprensión de una tarea necesariamente cooperativa. Por ello, termino con unas palabras de H.L.A. Hart, dichas en una conferencia de 1962, que entendió mejor que nadie a aprender de manera crítica de la obra de Bentham: «Hay algunas

---

[98] Ronald Dworkin, el representante más destacado en teoría jurídica que defiende esta concepción afirmaba ya en la introducción a su célebre libro *Taking Rights Seriously*, publicado en 1977 por Cambridge, Mass.: Harvard University Press: «Los capítulos siguientes definen y defienden una teoría liberal del derecho. Son, no obstante, severamente críticos de otra teoría que generalmente se considera liberal. Se trata de una teoría tan extendida e influyente que la denominaré la teoría jurídica dominante. La teoría dominante tiene dos partes e insiste en que son independientes entre sí. La primera es una teoría sobre lo que es el derecho, dicho de una manera más directa es una teoría sobre las condiciones necesarias y suficientes para establecer el valor de verdad de las proposiciones jurídicas. Es la teoría del positivismo jurídico, que sostienen que la verdad de las proposiciones jurídicas consiste en hechos que hacen referencia a las reglas que han sido adoptadas por determinadas instituciones sociales y en nada más. La segunda es una teoría sobre aquello que el derecho debe ser y sobre cómo han de comportarse las instituciones jurídicas existentes. Se trata de la teoría del utilitarismo, que sostiene que el derecho y sus instituciones deben servir al bienestar general y nada más. Las dos partes de la teoría dominante derivan de la filosofía Jeremy Bentham».

[99] *Panopticon, op cit.*: 64.

tareas que no pueden ser llevadas a cabo de manera adecuada por un hombre solo, sin la cooperación de otros. Espero haber dejado suficientemente clara mi convicción de que una de dichas tareas necesariamente cooperativas es la de hablar acerca del tan poco leído Bentham».[100]

[100] Hart, H.L.A. (1974), "Bentham", en B. Parekh (ed.), *Jeremy Bentham. Ten Critical Essays*, p. 92, Londres: Frank Cass.

JEREMY BENTHAM
PANOPTISMO Y LIBERALISMO*

Germán Sucar

¿Por qué leer a Bentham hoy? Quisiera intentar responder esta pegunta a través de otra: *¿cómo leer a Bentham hoy?* El interés que pueda tener —quiero decir— depende de la manera en que nos apropiemos intelectualmente de su obra. ¿Qué es la filosofía —como señaló Michel Foucault— sino el trabajo del pensamiento sobre sí mismo? Ese interés, esa apropiación, ese pensamiento, no están para mí, en todo caso, primordialmente cifrados en una exégesis, una reconstrucción aceptable o una crítica directa de alguna de sus principales tesis o doctrinas filosóficas (como su concepción utilitarista de la moral, su epistemología empirista y su ontología nominalista, su teoría del lenguaje y, en particular, de las ficciones), o de los diversos aspectos de su teoría del derecho (como la crítica en contra de los derechos humanos), de la política (como concepción de la democráticas radical), o de la economía (como la articulación de los principios del *laissez-faire* y el intervencionismo); ni en una evaluación técnica de sus proyectos de reforma de las instituciones o de la legislación. Tampoco en medir su

---

* Este trabajo constituye un avance de una investigación más amplia en curso. Agradezco especialmente a Rodolfo Vázquez por haberme invitado a participar en el Seminario *Lectura contemporánea de los clásicos,* dedicado a Bentham: *¿Por qué leer a Bentham hoy?* (efectuado los días martes 20, miércoles 21 y jueves 22 de noviembre de 2012). El presente texto es una versión ampliada y revisada de la conferencia pronunciada en aquella oportunidad.

contribución con relación a sus predecesores y herederos en tanto representante eminente de filosofía de la ilustración, ya sea en el plano general de la historia de la filosofía o en el terreno específico de la teoría económica, ética, jurídica o política. No es que considere inútiles o ilegítimas este tipo de consideraciones. Ellas son, por lo demás, insoslayables para el conocimiento de su obra, sin la cual ninguna auténtica reflexión de su pensamiento es posible.

Al desplazar del centro de la atención este tipo de lectura, lo que pretendo es rehuir del imperceptible adormecimiento en la que ésta puede sumirnos. Quisiera sustituirla por otro tipo de lectura por la cual podamos re-situarnos en una interrogación que nos permita volver a experimentar con extrañeza lo que, quizás por ser tan inmediato, nos parece evidente. No se trata de insistir en la mitología filosófica (porque la filosofía también tiene sus mitos) del asombro y del ansia natural de saber del hombre como causa perenne del filosofar, sino del trabajo paciente, meticuloso del pensamiento para desmontar las capas, los sedimentos, acumulados a lo largo de la historia, que lo cubren y condicionan en la forma aparentemente inofensiva del sentido común. El *dictum* socrático «conócete a ti mismo» no se agota en el llamado a una introspección para el autoconocimiento y a la correspondiente exigencia de autenticidad moral. Nos insta igualmente a interrogarnos por el tipo de sociedades que constituimos, por el tipo de subjetividades que conformamos en su interior, por sus horizontes de posibilidad para el pensamiento y la acción. Demasiado pobre sería la filosofía si renunciase al intento de desnudar nuestras, aparentemente, trasparentes formas de vida.

Hay una obra de Bentham que se presta mejor que ninguna otra para este tipo de lectura; una que había pasado prácticamente desapercibida, incluso por los especialistas, hasta que en 1975 Michel Foucault llamara su atención sobre ella en su libro *Surveiller et punir. Naissance de la prison.*[1] *Panopticon; or the Inspection-House.*[2] En realidad,

---

[1] Ver Foucault, 1975.

[2] Antes del libro de Foucault, la única voz que se elevó —10 años antes— para denunciar los riesgos inherentes al panóptico (riesgos totalitarios), así como para poner en relieve su significación para la comprensión cabal del pensamiento de Bentham fue la de Gertrud Himmelfarb en su artículo "The Haunted House of Jeremy Bentham" (ver Himmelfarb, 1965; ver también Himmelfarb, 1970). Pero la voz de Himmelfarb no se hizo escuchar de inmediato; las reacciones fueron bastante tardías. Una respuesta directa llegó

Bentham elaboró otros proyectos de panóptico de los cuales Foucault no se ocupó en detalle. Advirtió, sin embargo, que implicaba mucho más que un modelo de prisión. Foucault nos propone una nueva manera de leer la obra de Bentham que me parece del mayor interés contraponer a sus lecturas clásicas. No por un ansia de vanguardismo, sino porque permite plantear de manera acuciante una serie de cuestiones que eran y todavía son —pese a su intervención— presas de un *trou de mémoire*.

La actividad de Bentham en torno a sus proyectos de panóptico se despliega entre 1786 y 1830, es decir, durante 44 años de los 84 que vivió (esto es, de los 38 a los 82 años).[3] No se trató para Bentham de una mera cuestión de circunstancia; no puede sensatamente hablarse, a este respecto, de la excentricidad de un hombre polifacético. El tiempo invertido y la envergadura del esfuerzo intelectual desplegado muestran a las claras que tales proyectos no constituyen un aspecto marginal de su pensamiento. La ambición de propagar estos modelos de panóptico por todo el cuerpo social autoriza a hablar no ya de panóptico(s), sino de «panoptismo» y, más aún, a considerar que éste último es un aspecto acusado de su pensamiento. Esto no es todo: si, como sostiene Foucault, el panoptismo no es una mera quimera, sino una prefiguración idealizada de ciertas características constitutivas de la sociedad moderna, entonces sus proyectos de panóptico podrían ser mejor comprendi-

---

veintiún años después —es decir, 11 años después del libro de Foucault. En su "Bentham's Haunted House", Janet Semple se propone saldar cuentas con este trabajo escrito «en un clima de libertarismo y de revulsión contra el Estado todopoderoso» (ver Semple, 1986; ver también Semple, 1992 y 1993). Es un hecho singular, por otra parte, que el mismo año de la publicación de *Surveiller et punir* de Foucault aparece el artículo de Jaques-Alain Miller "Le despotisme de l'utile: la machine panoptique de Jeremy Bentham" en el número 3 de la revista de psicoanálisis que él mismo dirige, *Ornicar* (ver Miller, 1975). Ha de destacarse que en el artículo publicado figura febrero de 1973 como fecha de composición. 1973 es también en el año en que Foucault hace público por primera vez sus análisis sobre el panóptico de Bentham en el marco de sus cursos en el Collège de France, en particular en su curso *La société punitive*, dictado entre el 3 de enero y el 28 de marzo de ese año (Foucault, 2013), los cuales se profundizarán en sus conferencias impartidas en Brasil en mayo de 1973 publicadas bajo el título "La verdad y las formas jurídicas" (Foucault, 1974), la publicación de *Surveiller et punir* en 1975 e incluso después. (ver al, al respecto, las obras citadas en el apartado IV de este trabajo).

[3] Jeremy Bentham nació el 15 de febrero de 1748 en Londres y murió en esa misma ciudad el 6 de junio de 1832. Sobre la biografía de Bentham y sus publicaciones ver Schofield, 2009: cap. I; Dinwiddy, 1989: cap. I; y Pendas García, 1988: capítulo I; así como la bibliografía citada en dichos trabajos.

dos, como propone Foucault, en el marco de la historia de los sistemas de pensamiento y no de la historia de las ideas o de las instituciones; como una tecnología política y no meramente como la aplicación de la doctrina moral utilitarista. Desde esta perspectiva, las claves de acceso clásicas al pensamiento de Bentham, como su doctrina utilitarista, dejan de ser su piedra angular. Quedan también desplazadas las habituales lecturas propias de la filosofía moral, aun aquellas enmarcadas en la historia de las ideas o de las instituciones, es decir, aquellas que se preguntan si los proyectos de panóptico de Bentham están o no moralmente justificados teniéndose en cuenta el estado de las instituciones, la mentalidad y las ideas de la época. No es que la lectura crítica que propone Foucault acerca del panoptismo de Bentham esté exenta de implicaciones morales o torne irrelevante las consideraciones morales. Pero al poner el eje de la atención sobre ciertas características salientes de la sociedad moderna (como la vigilancia o el carácter disciplinario y normalizador o el afán por el control de las poblaciones) que suelen ser ignoradas, desatendidas o negadas, abre la posibilidad de efectuar una reflexión moral que guarde sustento en las condiciones reales de la sociedad y no en una visión idealizada de la misma, como la que suele ofrecer la tradición liberal. Bentham es, sin ninguna duda, una de las figuras emblemáticas del liberalismo, y en todas sus declinaciones. La cuestión reside en el modo de entender lo que es el liberalismo. Foucault nos ha deparado, a este respecto, una interpretación radicalmente diferente de las versiones tradicionales. En una palabra, los análisis de Foucault se oponen a las lecturas de tipo *moral* que se sitúan en el terreno de la *historia de las ideas y de las instituciones*.[4]

---

[4] La disputa entre Himmelfarb y Semple, por ejemplo —más allá de sus posiciones antagónicas—, responden, en realidad, a este mismo molde, al igual que el modo en que Semple pretende restituir el pensamiento de Bentham librándolo del embrujo de la mirada de Foucault. La lectura de Foucault se opone doblemente este tipo de lectura. En primer lugar, en tanto su perspectiva se sitúa «más allá del bien y del mal […] lo que no quiere decir más allá de lo bueno y de lo malo». Su arte consistía en abordar en diagonal la actualidad a través de la historia, para ofrecer una *dilucidación* del presente; no en *enjuiciar* moralmente el pasado o el presente, o sus protagonistas, ni establecer lo que debe hacerse o lo que debió haberse hecho: ni filósofo-juez ni filósofo-legislador moral. Sus escritos persiguen, sobre todo, no un propósito moral, sino un efecto político. Esto último quiere decir diversas cosas, algunas muy conocidas. Retengo sólo una de ellas: Foucault quería lograr que los actores sociales y en particular los políticos o aquellos a cargo de instituciones en los que se ejerce el poder, ya no supieran cómo comportarse, dándoles de este modo la ocasión de trasformar sus propias prácticas. Lo que tiene un alcance político para Foucault

Bajo el prisma de la interrogación de Foucault, todo un conjunto de cuestiones son todavía hoy de la mayor actualidad: ¿el panóptico carcelario de Bentham es una consecuencia de su teoría político-moral y, en particular, de su teoría de la justificación del castigo o, por el contrario, representa una ruptura o desajuste respecto de ellas? Y en este último caso ¿en qué consiste esta ruptura o desajuste y a qué obedece? ¿La idea del panóptico se reduce al universo de la prisión o rebasa sus límites al nivel de la sociedad civil y política, es decir, se convierte en panoptismo? ¿Qué es el panoptismo: una metáfora, una utopía o una realidad? ¿Contiene los gérmenes del Estado totalitario, es la quinta esencia de la gubernamentalidad liberal o ambas cosas a la vez? ¿Cuál es su naturaleza, su significación profunda? ¿Cuál es su relación con los sistemas democráticos y, más en general, con la sociedad liberal? ¿Qué relación hay entre el panoptismo y el estatus de los derechos fundamentales?

Dado los límites de este trabajo, no es posible abordar aquí todas estas cuestiones. Mi cometido será, en primer lugar, distinguir los diferentes proyectos de panóptico desarrollados por Bentham explicitando su conexión con la idea de panoptismo (I). Seguidamente me concentraré en las principales características del *Panopticon* en tanto esquema general de normalización y producción así como en su especial

---

es determinar con claridad las relaciones de poder que subyacen a ciertas prácticas —como la psiquiátrica o la penitenciaria— en cuanto son productoras de una serie de enunciados que se presentan como verdaderos; en determinar el régimen de veridicción que les permitió decir y afirmar como verdaderas una serie de cosas que según lo que acertamos a saber hoy no lo son o no lo son tanto. En segundo lugar, los análisis de Foucault contrastan con referido tipo de lectura en la medida en que su perspectiva se ubica no el terreno de la historia de las ideas ni de las instituciones, sino en el terreno más vasto de la historia de los sistemas de pensamiento. La expresión es plural no sólo porque en distintas épocas habría diferentes sistemas de pensamiento, sino porque en una misma época determinada hay formas y dominios bien especificados que pueden ser descompuestos en diversos sistemas de pensamiento. Un sistema de pensamiento no es, por lo tanto, algo así como la visión del mundo de una época, sino conjuntos que contienen cada uno un tipo de saber muy particular; que vinculan comportamientos, reglas de conducta, leyes, hábitos o prescripciones; que forman de esta manera configuraciones a la vez estables y susceptibles de transformación. Lo que le interesa a Foucault es definir entre esos diferentes dominios, relaciones de conflicto de semejanza o de intercambio. Los sistemas de pensamiento son las formas en la cuales, en una época dada, los saberes se singularizan, toman su equilibrio y entran en comunicación (Foucault, 1969).

aplicación a la prisión (II) a fin de evaluar su relación con la teoría de la justificación del castigo de Bentham y defender la tesis de que entre uno y otra hay una ruptura, consecuencia del panoptismo (III), el cual nos arroja otra visión diferente a la que estamos habituados tanto del pensamiento de Bentham como de la sociedad liberal (IV).

I. Panóptico(s), panoptismo

En rigor, Bentham no ha elaborado un proyecto de panóptico, sino una variedad de proyectos de panóptico. El primero, el más conocido, titulado por su autor como *Panopticon; or the Inspection-House*, y denominado *Prison-Panopticon* por los estudiosos de su obra. Bentham lo compuso originalmente bajo la forma de una serie de 21 cartas escritas desde Crecheff en Rusia Blanca a un amigo en Inglaterra en 1787.[5] Sin embargo, no lo editó sino en 1791, aumentado con un *Postcript* en dos partes (*Postcript, Part* I y *Postcript, Part* II), compues-

---

[5] No se trata de una suerte de «extraño engreimiento», sino que efectivamente el texto fue escrito en una finca en Krichëv (provincia del sur de Mogilev), Crimea, parte del imperio Ruso, en el otoño de 1786 (Ver Schofield, 2009: 11, 71; Werret, 1999: 3). Su hermano Samuel, que había arribado a Russia en 1780, se encontraba trabajando en dicha finca para el príncipe Potemkin desde 1784 quien lo puso a cargo de sus emprendimientos industriales y Jeremy fue a visitarlo allí a comienzos de 1986, donde primeramente se ocupó de redactar *Defense of Usury*. Luego, impresionado por la idea de su hermano Samuel de una casa de inspección para la formación y supervisión de trabajadores así como también —según se ha intentado demostrar— para el control y disciplina de los formadores, y particularmente inspirado por el anuncio en la prensa del plan de construir una nueva prisión en Middlesex, pensando que dicho esquema panóptico podía servirle para elaborar un modelo de penitenciaría, se ocupó de la redacción de las *Panopticon Letters*. La idea arquitectónica «importante aunque simple» de su hermano ingeniero era que el supervisor se alojase en el punto central de la construcción desde donde podía ver todas las actividades que se desarrollaban a su alrededor. El panóptico planeado por Samuel no pudo verse materializado dado que Potemkin vendió la finca en mayo de 1787 como consecuencia del inicio de la guerra entre Rusia y el imperio Otomano. Más tarde tuvo, sin embargo, la oportunidad de regresar a Rusia en 1805 y de construir en 1807 una escuela de artes panóptica en el río Okhta en San Petesburgo. Ver Warret, 1999; Pease-Watkin, 2003: 2-3; Steadman 2012, adonde podrán consultarse los detalles de los panópticos de Samuel y su vinculación con el modelo de prisión panóptica de Jeremy. Con relación al panóptico para los trabajadores de la finca en Crecheff ver especialmente el referido trabajo de Warret; para el de la escuela panóptica de artes el de Steadman.

tos en 1790 y 1791 respectivamente.[6] Esta edición, en tres volúmenes,[7] sin embargo, no circuló por las librerías.[8] Mayor difusión tuvo, en cambio, un texto en francés de este proyecto de panóptico, denominado *Mémoire*, que fue publicado también en 1791 en Francia por la *Impremerie* de *l'Assemblée nationale*.[9] Se trata de un resumen de la obra en inglés en tres volúmenes, efectuado en 1791 por el suizo, traductor y editor de las obras de Bentham en francés, Étienne Dumont, «un amigo» según declara el filósofo inglés en una carta de remisión de dicho manuscrito al Diputado en la Assemblée nationale J. Ph. Garran de Coulon, con fecha 25 de noviembre de 1791. Bentham intentaba así acercar al gobierno francés su plan de Panóptico como propuesta de remplazo de la prisión de Bicêtre. Dicho texto fue ampliamente difundido a través de su incorporación (con alguna variante) a una de las obras de Bentham editadas y hechas publicar por Dummont, *Traités de législation civile et pénale* en 1802.[10] De este modo, fue mucho más leí-

---

[6] En 1790 el Chancellor de Exchequer (Irlanda), Sir John Parnell se interesó en el Panóptico como propuesta para establecer una nueva prisión e inició arreglos para la impresión de las veintiuna cartas en Dublín. Es en estas circunstancias que Bentham relee las cartas para su publicación y considera necesario una revisión sustancial. El *Postcript* I y II (de una extensión mucho mayor que las cartas) están destinados a colmar esta laguna. El primer tomo fue impreso en Dublín en 1791 y reimpreso en Londres ese mismo año junto con los dos volúmenes que contienen el *Postcrip* I y el *Postcrip* II respectivamente. Ver Pease-Watkin: 3-4.

[7] Bentham, 1791a, 1791b y 1791c. No ha sido aún publicada en la nueva edición en curso de las obras de Bentham en el marco del denominado *Bentham Project: The Collected Works of Jeremy Bentham*, J.H. Burns, J.R. Dinwiddy y F. Rosen (eds.). Por el momento sólo existe la edición publicada en el siglo XIX: J. Bowring (ed.), *The Works of Jeremy Bentham*, 1838-1843, vol. IV (la cual carece de aparato crítico), así como algunas reimpresiones más recientes de la misma. Tanto en francés como en castellano sólo se cuenta con traducciones parciales. Ver Bibliografía, I.A.

[8] Perrot, 1977: 164; Bozovic, 1995: 1 y Pease-Watkin, 2003: 4.

[9] Bentham, 1791d. Ver bibliografía I, A.

[10] La obra fue publicada en 3 vols., en París, edición de Bossange, Masson et Besson. El *Mémoire* se haya inserto en el vol. III (ver Bentham, 1791e: 209-272 [33-81 de la traducción castellana]), precedido por una «Advertencia» o nota de presentación de Dumont (Bentham, 1791e: 203-207 [29-32 de la traducción castellana]). En esta nota Dumont precisa que el mismo fue extraído de la obra «en tres volúmenes en dozavo, que se han impreso, pero no se han publicado» en «forma de discurso» y que éste fue enviado a Garrant de Coulon miembro de la *Assemblée législative* y de una comisión nombrada para la reforma de leyes penales, sobre la base de cuyo informe la *Assemblé* ordenó su impresión; asimismo aclara: «He conservado aquí [*i.e.*, en los *Traités…*] el *Mémoire* tal cual yo lo había redactado para la *Assemblé nationale*, con algunas adiciones sobre la administración interior de las prisiones. No he entrado en absoluto en los detalles, ni para la construcción del edi-

do que su versión en inglés, no sólo en Francia, sino en el resto de Europa en virtud de su traducción a diferentes idiomas, entre ellos el español.[11] Entretanto, en el año 1792, según relata Dumont, cuando ya se tomaban medidas para poner el panóptico en ejecución, el propio departamento del Directorio de París —que había distinguido este proyecto entre los muchos otros— fue arrastrado en el derrumbamiento de la constitución y la Monarquía; con ello se refería a la caída del rey de agosto de ese año.[12] Las tentativas —iniciadas en 1790 y no terminadas hasta 1803— de construir una prisión panóptica en Londres también terminaron, como se sabe, en un fracaso.[13]

Este primer proyecto de panóptico está diseñado, en realidad, para albergar un público bastante heterogéneo. Puede tratarse no sólo de un delincuente sujeto a pena, sino también de un enfermo mental a encerrar, de un paciente por curar, de un obrero para hacer trabajar, de un indigente para reformar o un niño para educar. Su extenso y detallado título lo pone explícitamente de manifiesto: *Panopticon; or the Inspection-House: containing the idea of a New Principle of Construction applicable to any Sort of Establishment, in wich Persons of any Description are to be kept under inspection; and in particular to Penitentiary-Houses, Prisons, Poor-Houses, Lazarettos, Houses of Industry, Manufactories, Hospitals, Work-Houses, Mad-Houses, and Schools: with a Plan of Management adapted to the principle: in a*

---

ficio, ni de los trabajos en los que se puede ocupar a los presos. La primera de estas cosas corresponde a los arquitectos; la otra es el negocio particular de los empresarios. He procurado no omitir nada de lo que puede interesar a los hombres de Estado, pero si se trata de la ejecución, habrá que consultar la obra original». Ver Bibliografía I.A.

[11] Acerca de las diferencias entre la edición inglesa en tres volúmenes de 1791 y el *Mémoire* redactado por Dumont, ver Perrot, 1977: 167 y especialmente Pease-Watkin, 2003: 5-8, donde se efectúa una comparación relativamente detallada de ambos textos. Baste aquí consignar que el *Mémoire* de Dumont retoma esencialmente el *Postcript* II; el *Postcript* I (dedicado fundamentalmente a los detalles arquitectónicos) es condensado allí en unas pocas páginas bajo los títulos "Construction du Panoptique" ["Construcción del panóptico"] y "Détails sur le Panoptique" ["Pormenores del apnóptico"] y de las 21 cartas de la versión inicial sólo es relevada la carta IV bajo el título "Avantages essentiels de ce plan" ["Ventajas esenciales del Panóptico"].

[12] Ver la referida nota de presentación de Dumont: 203-204 [29-30 de la traducción castellana].

[13] Sobre el contexto y las peripecias del intento de establecer un modelo de prisión panóptico en Francia, ver Perrot, 1977: 164-170. Sobre la extensa y compleja empresa llevada a cabo en Inglaterra ver Hume, 1973-1974 y Semple, 1993.

Series of Letters, written in the year 1787, from Crecheff in white Russia, to a friend in England.

Pese a la amplitud de sus potenciales destinatarios, en este proyecto Bentham desarrolla en prioridad su aplicación penal.[14] Entre 1796 y 1830, Bentham dedicará proyectos individualizados no sólo para los diversos pensionarios distintos de los delincuentes, sino incluso para los ministros del gobierno, los cuales no habían sido inicialmente contemplados. Uno de tales proyectos, relativo a la gestión de indigentes a fin de rehabilitarlos al trabajo y rentabilizar su asistencia, es llamado *Pauper-Panopticon*, y ha sido plasmado en una serie de escritos conocidos como los *Writings on the Poor Laws*, redactados entre 1796 y 1798, si bien el interés de Bentham por estas cuestiones puede remontarse a 1790.[15] Entre estos trabajos, ocupa un lugar preminente *Pauper Management Improved*, con el cual se encuentran estrechamente relacionados otros dos: *Situation and Relief of the Poor* y *Out-*

---

[14] En la edición de las obras de Bentham de Bowring, los *Postcripts* del *Prison-Panopticon* están seguidos de dos cartas de 1802 a Lord Pelham, que raramente han llamado la atención de los críticos: la de fecha 2 de noviembre, que se titula *Panopticon versus New South Wales*; la de fecha 17 de diciembre, que es una continuación de la primera (vol. IV: 173-248; 173-211 y 212-248, respectivamente). Ver Bibliografía, I. B.

[15] Ver Brunon-Ernst, 2007b: 23. La composición de estos escritos ha sido dividida en tres periodos. En el primero, que va desde febrero hasta mediados de mayo de 1796, Bentham compone *Table of Cases Calling for Relief* y *Essays on the subject of the Poor Laws*, que comprenden una definición de la pobreza, de los principios que deben fundar la asistencia a los indigentes y otras aplicaciones de ese sistema de ayuda. Al final de este trabajo, Bentham proyecta incorporar esos escritos en una obra más vasta llamada *Penetocomia, or Principles of Legislation and Management relative to the Subject Matter of the Poor Laws*, del cual sólo llegó a redactar alguna páginas inconclusas. En el segundo, que va desde diciembre hasta mediados de febrero de 1797, produce *Pauper Systems Compared, or a Comparative View of the Several Systems establishable as well as established in relation to the Poor*, que constituye un examen de los principios del proyecto de W. Pitt presentado al Parlamento, y *Observations on the Poor Bill*, que es su crítica. Compone también tres appendices a este último trabajo: *Essays on the Question Who are the persons for whom the several bounties provided by this Bill are intended?*; *Neighbour's-Fare Principle Defended; y Farming Defended*. En el tercero, que va de Julio de 1797 hasta fines de 1798, escribe *Plan of a National Charity Company for the Management of the Poor all over England*, el cual es abandonado para consagrarse a *Pauper Management Improved*. A instancias de J. Sinclair, publica esta obra en *Annals of Agriculture and Other Useful Arts* en 1797 con el argegado de *Pauper Population Table*. Ver *Ibidem*: 24. Buena parte de estos trabajos se hallan reunidos en Bentham, j., *Writings on the Poor Laws*, Quinn, M. (ed.), 2 vols., 2001 (vol. I) y 2010 (vol. II). Ver bibliografía I.C.1.

line of a Work entitled Pauper Management Improved.[16] Un segundo proyecto, que se condensa en el libro *Chrestomathia*,[17] está destinado a la enseñanza de un saber útil a los niños de las clases medias ascendientes. Finalmente, en tercer lugar, contamos con el proyecto desarrollado en su *Constitutional Code* —cuyo primer volumen (*Constitutional Code* I) se publicó en 1830—[18] culminación de sus trabajos sobre derecho constitucional que lo ocuparon desde 1820.[19] Enmarcado en su plan de una democracia utilitarista, este proyecto que no sólo supone técnicas de control de los gobernados, sino que también tiene por objeto asegurar el control de los gobernantes, ha sido dado en llamar *Constitutional-Panopticon*.[20]

La existencia de un proyecto general de panóptico con vocación de múltiples aplicaciones sumado al desarrollo concreto de proyectos de panóptico para la prisión, el trabajo de los indigentes, la enseñanza y el control de los funcionarios públicos, nos autoriza a hablar, a propósito del pensamiento de Bentham, de *panoptismo* en al menos el siguiente sentido mínimo: la idea de una sociedad en la que proliferan lugares de en-

---

[16] Estos tres trabajos se encuentran incluidos en Bentham, j., *Writings on the Poor Laws*, Vol. II, Quinn, M. (ed.), 2010.

[17] Según explican los editores, esta obra fue publicada en dos partes en 1817; la primera parte había sido ya publicada en 1815 y reimpresa en 1816 (Ver Smith-Burston, 1993: xi). Ver, Bibliografía I. C.2.

[18] Este volumen no es sino la primera de las tres partes previstas por Bentham, y el único publicado en vida de su autor. Los artículos que componen las otras dos partes se encuentran disponibles en el volumen IX de la edición de Bowring. Ésta contiene un *Constitutional Code* establecido por Richard Doane a partir del primer volumen publicado en 1830 y los manuscritos de Bentham que no respeta la articulación que Bentham preveía (ver Tusseau, 2004b: 155). La edición crítica en curso del *Bentham Project* hasta el momento sólo ha publicado el vol. I. Ver, Bibliografía I, C.3.

[19] Entre estas obras cuentan principalmente: los ensayos reunidos en *First Principles Preparatory to Constitutional Code* (Bentham, 1989); los trabajos compilados en *Securities against Misrule and Other Constitutional Writings for Tripoli and Greece* (Bentham, 1990); *Official Aptitude Maximized; Expense Minimized: as Shewn in the Several Papers Comprised in this volume* (Bentham, 1830). Con estos escritos, Bentham, en realidad, prolonga una línea de pensamiento que se dibuja muy temprano en él, desde los años 1780-1790, y en los que se encuentran ya los elementos fundamentales de su teoría de la democracia. Entre estos últimos cabe mencionar los textos incluidos en *Rights, Representation and Reform: Nonsense upon Stilts and Other Writings on the French Revolution* (Bentham, 2002). Ver Tusseau, 2004b: 153, y notas al pie de página 8 y 9. Ver Bibliografía, I. D.

[20] Ver Brunon-Ernst, 2007a: 63. Otros prefieren hablar de «panoptismo invertido» (Leroy, 2002) o de «panoptismo político» (Tusseau, 2004a y 2004b: 154).

cierro bajo vigilancia con fines de corrección y normalización que se expanden en diversos e importantes sectores de la vida tanto pública como privada. Es en virtud de la extensión del proyecto, de que «este pequeño y maravilloso ardid arquitectónico puede ser utilizado por toda una serie de instituciones», que Foucault «un tanto arbitrariamente, pero en todo caso en homenaje a Bentham» habla de «panoptismo» para sintetizar los rasgos de la sociedad disciplinaria.[21] El panóptico «es la utopía de una sociedad y de un tipo de poder que, en el fondo, es la sociedad que conocemos actualmente, utopía que se hizo efectivamente realidad. Este tipo de poder podría recibir perfectamente el nombre de panoptismo».[22] El panoptismo es un tipo de poder que ejerce sobre los individuos bajo la forma de vigilancia individual y continua, bajo la forma de control, de castigo y recompensa, y bajo la forma de corrección, es decir, de formación y de trasformación de los individuos en función de determinadas normas […]. En la actualidad vivimos en una sociedad programada en el fondo por Bentham, una sociedad panóptica, una sociedad en la que reina el panoptismo.[23] De ahí que Foucault afirme, pidiendo disculpas a los historiadores de la filosofía, que Bentham es más importante para nuestra sociedad que Kant o Hegel, y que deberíamos rendirle homenaje en cada una de nuestras sociedades.[24]

Ahora bien, ¿cuáles son, concretamente, de acuerdo con Bentham, los principios generales del panóptico y, en particular, su aplicación penal?

---

[21] *Ibidem*: 228 y 241, respectivamente.

[22] *Ibidem*: 228.

[23] *Ibidem*: 239-240.

[24] *Ibidem*: 227. Hacia el fin de su quinta conferencia, al criticar una sentencia que pertenece a Hegel, pero también a Marx (a fin de distanciarse de las concepción marxista), a saber, «La esencia concreta del hombre es el trabajo», Foucault afirma algo que también vale para Bentham: «como no me intereso por los autores, sino en el funcionamiento de los enunciados, poco importa quién lo dijo» (*Ibidem*: 256.). Ambas posiciones —la relativa a Kant y Hegel, respecto de Bentham como la concerniente a la frase de Hegel y Marx— marcan el contraste entre la historia de los sistemas de pensamiento que intenta desarrollar Foucault y la historia de las ideas o de las instituciones. Sobre el panoptismo en Bentham, ver asimismo, Foucault, 1975: cap. tercero, sección III "El panoptismo": 199-230. En el último apartado de este trabajo, volveremos sobre la noción de panoptismo a la luz de trabajos posteriores de Michel Foucault.

II. El encierro como esquema general de normalización y producción (y su aplicación penal)

Comencemos por la descripción arquitectónica que Bentham hace del *Prison-panopticon*:

Una casa de penitencia, según el plan que os propongo, debería ser un edificio circular, o por mejor decir, dos edificios encajados uno en otro. Los cuartos de los presos formarían el edificio de la circunferencia con seis altos, y podemos figurarnos esos cuartos como unas celdillas abiertas por la parte interior, porque una reja de hierro bastante ancha los expone enteramente a la vista. Una galería en cada alto sirve para la comunicación, y cada celdilla tiene una puerta que se abre hacia esta galería. Una torre ocupa el centro, y esta es la habitación de los inspectores; pero la torre no está dividida más que en tres altos, porque están dispuestos de modo que cada uno domina de lleno sobre dos líneas de celdillas. La torre de inspección está también rodeada de una galería cubierta con una celosía transparente que permite al inspector registrar todas las celdillas sin que le vean, de manera que con una mirada ve la tercera parte de sus presos, y moviéndose en un pequeño espacio puede verlos a todos en un minuto, pero aunque esté ausente, la opinión de su presencia es tan eficaz como su presencia misma. Unos tubos de hoja de lata corresponden desde la torre de inspección central a cada celdilla, de manera que el inspector sin esforzar la voz y sin incomodarse puede advertir a los presos, dirigir sus trabajos, y hacerles ver su vigilancia. Entre la torre y las celdillas debe haber un espacio vacío, o un pozo circular, que quita a los presos todo medio de intentar algo contra los inspectores. El todo del edificio es como una colmena, cuyas celdillas todas pueden verse desde un punto central. Invisible el inspector reina como un espíritu; pero en caso de necesidad puede este espíritu dar inmediatamente prueba de su presencia real. Esta casa de penitenciaría podría llamarse *Panóptico* para expresar con una sola palabra su utilidad esencial, *que es la facultad de ver con una mirada todo cuanto se hace en ella.*[25]

---

[25] Bentham (1791e), "Construcción del Panóptico", 36-37; ver, asimismo, Bentham, 1791a: carta II a V y Bentham, 1791b.

El edificio está diseñado, para que los subinspectores y todo el personal subalterno (y no sólo los presos) estén sometidos a vigilancia e inclusive el inspector mismo a la vigilancia del público. Su principal ventaja, en efecto, es «la *omnipresencia aparente* del inspector [...] combinada con su *presencia real*», a la que se suma la economía en el menor número de inspectores que se requiere: uno solo. El plano permite que los presos estén «sometidos a vigilancia o se sientan constantemente vigilados o al menos piensen en la posibilidad de estarlo», dado que gracias a las celosías de las que está rodeada la torre a los presos no les es posible mirar dentro de ella de modo que pueden ser observados sin saber si lo están siendo efectivamente o no. Los subordinados —subinspectores, guardianes auxiliares, personal doméstico y subalternos de todo tipo— se encontrarán sometidos al mismo tipo de control al que están sometidos los presos (u otras personas en tutelaje) por parte de su jefe. «Los subordinados no podrán en ningún momento cumplir su trabajo o dejar de hacerlo, sin que el jefe se entere al instante en qué grado y de qué manera. El plano responde, y de modo satisfactorio, a una de las más curiosas preguntas políticas: *Quis custodiet ipsos custodes?* (¿Quién vigilará a los vigilantes?). Como el cumplimiento de los deberes —tanto del jefe como de los subordinados— estaría infaliblemente facilitado, cualquier falta debería ser castigada con la más inflexible severidad. Este hecho hace que la influencia del plano no sea menos saludable para la llamada *libertad* que para la coerción necesaria aquí; ni que sea menos poderoso como control sobre un poder subalterno que como freno a la delincuencia; ni que sirva menos como protección a la inocencia que como azote contra el crimen». El inspector mismo, finalmente, será controlado a través de la vigilancia del gran comité público del tribunal del mundo: habiéndose tomado las medidas necesarias para una eventual agitación o desorden, las puertas del establecimiento estarán abiertas a la multitud de los curiosos.[26] Bentham recalca que se trata de una vigilancia de un nuevo género «que obra más sobre la imaginación que sobre los sentidos, y que pone a centenares de hombres en la dependencia de uno solo, dado a este hombre una presencia universal en el recinto de su dominio»; «estar

---

[26] Ver Bentham, 1791a: cartas V y VI. Ver asimismo Bentham, 1791e: "Ventajas esenciales del Panóptico", 37 y 39.

incesantemente a la vista de un inspector, es perder […] el poder de hacer el mal, y casi el pensamiento de intentarlo».[27]

Con algunos ajustes dicho edificio puede ser adaptado a otro tipo de instituciones de encierro. En la edición inglesa se consideran explícitamente los correccionales, las casas de arresto, las fábricas, los manicomios, los hospitales y las escuelas.[28] Esta polivalencia del panóptico denota además que está destinado a servir tanto a instituciones de encierro total —ya sea por un tiempo prolongado (la prisión) o de modo transitorio (los correccionales), ya sea para personas sanas ya sea enfermas (manicomios y hospitales)—, como a instituciones de encierro parcial (las fábricas y las escuelas). A esta multiplicidad de usos se aúna su polifuncionalidad: «Corregir las costumbres, preservar la salud, fortalecer la industria, difundir la instrucción, disminuir la carga pública, asentar de algún modo la economía sobre una roca, no cortar sino desenredar el nudo gordiano de las leyes de asistencia pública; y todo esto gracias a una simple idea de arquitectura».[29] Todo ello en su conjunto constituye «una nueva manera de otorgar al espíritu un poder en una medida aún sin precedente, en un grado igualmente sin analogía, garantizado contra el abuso»;[30] o expresado de modo todavía más elocuente:

Si se hallara un medio de hacerse dueño de todo lo que puede suceder a un cierto número de hombres, de disponer todo lo que les rodea, de modo que hiciese en ellos la impresión que se quiere producir, de asegurarse de sus acciones, de sus conexiones, y de todas las circunstancias de

---

[27] Ver Bentham, 1791e: 35 y 37.

[28] Ver Bentham, 1791a: cartas XVI a XX. Los usos posibles sin embargo se enuncian aún más ampliamente: un instituto de inspección «se lo considerará aplicable, sin excepción, a todos los establecimientos en los que un cierto número de individuos deba permanecer bajo vigilancia en un especio no demasiado amplio como para que se lo pueda resguardar o rodear de edificios. Poco importa cuáles sean los distintos usos a los que se destinen los establecimientos o que éstos incluso sean opuestos: *castigar criminales empedernidos, albergar locos, reformar viciosos, aislar sospechosos, ocupar ociosos, proteger indigentes, curar enfermos, enseñar a quienes quieran aprender un oficio o dar instrucción a las nuevas generaciones; en suma, así se trate de cárceles para la detención perpetua o para detención en espera de juicio, o de penitenciarías, correccionales, hogares de trabajo para pobres, fábricas, manicomios, hospitales o escuelas»* (Ver Bentham, 1791a: carta I).

[29] Ver Bentham, 1791a: prefacio.

[30] *Ibidem.*

60

su vida, de manera que nada pudiera ignorarse, ni contrariar el efecto deseado, no se puede dudar que un instrumento de esta especie, sería un instrumento muy enérgico y muy útil que los gobiernos podrían aplicar a diferentes objetos de la mayor importancia. La educación, por ejemplo, no es otra cosa que el resultado de todas las circunstancias en que un niño se ve. Velar sobre la educación de un hombre, es velar sobre todas sus acciones, es colocarle en una posición en que se pueda influir sobre él como se quiera, por la elección de los objetos que se le presentan y de las idea que se hacen nacer en él.[31]

La polivalencia y la polifuncionalidad de la idea de panóptico merecen ser enfatizadas porque permiten medir su extensión y profundidad en tanto instrumento de control. La obra de 1791 (en sus diferentes versiones), por lo demás, si bien está especialmente dirigida a proponer un modelo de prisión, sienta las bases generales de todas las formas de panóptico tanto en lo tocante a los principios arquitectónicos como a los principios de gestión. Ello es así, principalmente, porque entre las aplicaciones más complejas en las que puede ser empleado el *principio de vigilancia* en lugares de encierro se encuentran los edificios carcelarios y, más específicamente, la penitenciaría; de modo que su consideración dará «el más cabal ejemplo de la eficacia y multiplicidad de beneficios» de este sistema. Allí se debe, en efecto, satisfacer a la vez todos estos objetivos: «detención (*safe custody*), reclusión (*confinement*), aislamiento (*solitude*), trabajos forzados (*forced labour*) e instrucción (*instruction*)».[32] Así, contra la posibilidad de fuga el Panopticon-Prison ofrece una «seguridad que todo lo que la mente y con razón la práctica, jamás haya soñado alcanzar», no sólo en virtud de la solidez de la construcción sino fundamentalmente en razón del aislamiento a que están sujetos los presos (lo que impide que se comuniquen y se vean y, por ende, toda acción mancomunada) y, sobre todo, por la imposibilidad de actuar, de realizar cualquier gesto, sin ser observado o sin al menos tener la certeza de serlo. El aislamiento, al igual que la vigilancia, sirven también para que el castigo que debe sufrir el preso (en tanto es un recluso y no un mero detenido) no vaya más allá de la privación de su libertad y algunas desventajas con rela-

---

[31] Ver Bentham, 1791e: 33.
[32] Ver Bentham, 1791a: carta I.

ción a la vida en libertad: todo trato cruel se vuelve inútil por innecesario.[33] El aislamiento constituye además una ayuda para la reforma, dada «su tendencia a agravar el peso del sufrimiento».[34] El aislamiento, «individuos solitarios y encerrados» frente a los ojos del guardia, constituyen una multitud, pero no una muchedumbre. Cada preso, perfectamente individualizado, incluso podrá asistir al oficio religioso —que viene a contribuir a su enmienda— sin salir de su celda, evitando así las aglomeraciones y los atropellamientos, las peleas, artimañas y los proyectos de evasión, que suelen producirse en el camino que va del sitio de las ocupaciones al de las devociones.[35]

En cuanto a la instrucción, dice Bentham que «toda casa de penitencia debe ser una escuela», no sólo para los jóvenes encerrados en ella, sino incluso para los adultos «ignorantes» a fin de que puedan convertirse en «miembros útiles de la sociedad». Se trata de enseñar a todos la lectura, la escritura y la aritmética, pero sobre todo de cultivar los talentos particulares para «sacar de ellos un partido ventajoso», de manera tal que el administrador de la penitenciaría juntando «a una idea exacta de su interés una cierta medida de ardor y de inteligencia, bien pronto hallaría su ganancia en desenvolver las diferentes capacidades de sus presos, y no podría hacer su bien particular sin hacer igualmente el de ellos». El domingo será empleado para la enseñanza moral y religiosa, complementándolas —a fin de que evitar que la instrucción se vuelva monótona y fastidiosa por muy larga— con lecturas, copiados, dibujos o inclusive el cálculo que puede resultar de provecho para cuestiones que conllevan los productos del comercio, de la agricultura, de la industria y del trabajo.[36] La instrucción guarda una conexión directa, por lo tanto, con el trabajo forzado, el cual a su vez es una de las principales manifestaciones del *principio de economía pecuniaria* la cual ofrecería importantes ventajas conjugada con la aplicación del *principio de vigilancia*.[37] Una de las principales ventajas de la vigilancia total y continua es asegurar la disciplina, lograr que los individuos acaten como es debido el reglamento; ella permite

---

[33] *Ibidem*: carta VII.

[34] *Ibidem*: carta VIII.

[35] *Ibidem*.

[36] Ver Bentham, 1791e: "De la instrucción y de la ocupación del domingo", 67-68. Con relación a la instrucción en los diferentes oficios ver Bentham 1791a: carta X.

[37] Ver Bentham, 1791a: carta IX.

además que el inspector tenga oportunidad más o menos frecuente de darles órdenes pasajeras u ocasionales que deben ser ejecutadas, aunque sólo sea al comienzo de todo trabajo.[38] De este modo, la vigilancia asegura disciplina, tanto la instrucción como el acatamiento de órdenes, y éstas a su vez favorecen el trabajo de los presos en provecho económico del administrador de la penitenciaría. Bentham defiende un modelo de la administración «por contrato» con un agente privado en contra de la administración pública o «por confianza». El contratista, a la vez administrador e inspector en jefe, gozará de los beneficios o de las pérdidas por tiempo indefinido a menos que se verifique de su parte una conducta perniciosa suficientemente flagrante como para destituirlo y tendrá «todos los poderes que su interés pudiera exigirle para que obtenga provecho en su negocio, salvo algunos pequeños detalles [...] que resultarán útiles y prácticos para prevenir los abusos».[39] ¿Cómo se manifiesta este poder? Principalmente en el tipo de trabajo en que habrá de emplear a los presos según sus aptitudes y de acuerdo a la elección de la industria que le resulte más conveniente.[40] ¿Cuáles son sus límites? Una vez determinados

---

[38] *Ibidem*: carta V.

[39] *Ibidem:* carta IX.

[40] *Ibidem:* cartas X y XI. Bentham propone clasificar los presos en cuatro clases, a saber, los *buenos obreros*, los *obreros aptos*, los *obreros prometedores* y los *inútiles*. Los buenos obreros son todos aquellos reclusos que ya tienen un oficio que podrá ser ejercido ventajosamente en la prisión; los obreros aptos, son aquellos calificados para oficios que no se pueden ejercer en un especio tan reducido, pero cuya similitud operativa los hace aptos para ocuparse de los oficios de la primera clase; los obreros prometedores, son los que tienen un oficio que de ningún modo puede ser ejercido en la prisión (como los cargadores, los repartidores de carbón, los jardineros y agricultores), pero que sin embargo es posible enseñarles el oficio desempeñados por los otros; los inútiles son los ladrones profesionales y los que no tienen ninguna formación de trabajo. Una vez clasificados el contratista empezará por poner a trabajar a sus buenos obreros, y designará tantos buenos obreros como sea posible. Con los obreros prometedores y los inútiles deberá constituir una industria cualquiera en que el contratista —que se supone será un hombre de industria— se desempeñe y que sea «un ramo donde las operaciones son fáciles de aprender, y ganando mucho dinero con toda la mano de obra que puede asegurarse en condiciones normales, esperaría ganar mucho más con un aumento de la mano de obra, que podría al mismo tiempo obtener en mejores condiciones» (Bentham, 1791a: carta X). No hay razón para multiplicar las industrias; una sola elegida cuidadosamente puede bastar para responder al objetivo fijado. En cualquier caso hay que descartar los trabajos improductivos o que ocupan demasiado espacio, instalaciones costosas, etcétera. Bentham pasa revista a los tipos de trabajos contemplados en el *Hard Labour Bill* y los critica uno por uno (Bentham, 1791a: carta XI).

los trabajos a los que pueden dedicarse los presos, nos dice Bentham, el contratista «querrá saber de qué poderes dispondrá para convencerlos». Dado que sus poderes son amplios se limita a enumerar lo que tendría prohibido hacer: no deberá hacer padecer hambre a los presos, ni azotarlos ni castigarlos de cualquier otra manera; se debe motivarlos mediante la recompensa (con su trabajo podrá procurarse una mejor comida que las que le está normalmente destinada) ya que el castigo no es necesario dado que cualquier proyecto de fechoría suya sería abandonado por irrealizable en virtud de la vigilancia a que está sujeto.

A pesar de todo, si se insistiera en la necesidad absoluta de un poder disciplinario, ante eventuales ataques de los presos a los guardias o a los instructores, éste sería aquí menos peligroso que en cualquier otra parte donde fuese más necesario. Bastaría con asignar otros custodios conjuntos o con llevar un registro de castigos, por leves que éstos sean, bajo pena de sanción; pero el medio más eficaz para impedir el maltrato del contratista sería obligarlo a desembolsar una cierta suma de dinero por cualquier hombre que muriera.[41] En cualquier caso el contratista tiene a los presos:

> […] bajo su autoridad, y no veo qué mejor garantía podría tener de que trabajarán, y al máximo. A fin de cuentas, está mucho menos seguro de la producción y la diligencia con un obrero ordinario, pagado por día, y no a destajo. El que no quiera trabajar, no tiene nada más que hacer de la mañana a la noche, que comer su amargo pan y beber su agua sin nadie con quien hablar. Si acepta trabajar, ocupa su tiempo, asegura su carne y su cerveza, o lo que desee hacer con sus ganancias, pues cualquier trabajo al que se entregue le permitirá procurarse lo que de otro modo no le sería accesible. Este estímulo es necesario para que trabaje al máximo; pero uno mayor no es útil. Es conveniente que todo esfuerzo que él haga sea recompensado, pero no es necesario que la recompensa sea tan grade, o casi tan grande, como lo que hubiera obtenido al trabajar en otra parte. Su detención, que constituye su castigo, le impide ofrecer su trabajo a otro mercado, lo somete a un monopolio cuyo contratista, su amo, como cualquier beneficiario de un monopolio, obtiene todo lo que puede.[42]

---

[41] *Ibidem:* carta XII.
[42] *Ibidem:* carta XIII.

El proyecto de prisión de Bentham contiene previsiones que van más allá del tiempo de detención, para los «presos liberados», en provecho de ambas partes interesadas, esto es, mantener la relación de producción manufacturera después del término de la pena; «marcado por los estigmas de su antigua reclusión, el trabajador tendría sin duda dificultad para encontrar un empleo» y por ello mismo «su antiguo jefe obtendría probablemente sus servicios a mejor precio».[43]

Como se ha visto, el aislamiento es a todas luces pues una pieza fundamental en tanto facilita la satisfacción de los otros objetivos: prevenir las fugas, evitar los castigos innecesarios, facilitar la instrucción y de ese modo favorecer el trabajo de los presos en aras del ahorro del Estado y el lucro del contratista. Sin embargo, al momento de reelaborar su *Panóptico* —inicialmente escrito en 1786 en la forma de veintiuna cartas escritas a un amigo— con miras a la publicación en 1791 en tres volúmenes, en su *Postcript* II, Bentham abandona o, al menos, atenúa considerablemente el aislamiento. ¿Cuál es la razón? El cambio está determinado por el principio de economía pecuniaria, y trae aparejadas dos consecuencias importantes. Una tiene que ver el establecimiento de criterios para agrupar los presos; la otra, derivada de la anterior, con la introducción de una mayor severidad en el control disciplinario. Bentham invoca ahora a Howard quien advirtió que «la soledad absoluta que produce al principio un efecto saludable, pierde prontamente eficacia y hace caer al infeliz cautivo en la desesperación, en la locura o en la insensibilidad» para concluir que la soledad absoluta:

[...] tan contraria a la justicia y a la humanidad, cuando se hace de ella un estado permanente, es también por fortuna combatida por las más fuertes razones de economía, porque exige un gasto enorme de edificios: dobla los gastos para alumbrar, conservar la limpieza, y renovar el aire, y limita la elección de los trabajos estrechando demasiado la extensión de las celdas, y excluyendo las profesiones que exigen la reunión de dos o más trabajadores. Perjudica también a la industria, ya porque no hay

---

[43] *Ibidem:* carta XIV. En la carta XV Bentham da las razones de por qué su proyecto de penitenciaría, se ser ejecutado, tiene muy buenas chaces de producir a la vez un ahorro para el Estado y ganancias para su administrador. Para una ampliación de sus consideraciones sobre este tema ver Bentham, 1791e: «Provisión para los presos que salgan de la cárcel», 70-75.

medido de dar aprendices a ciertos artesanos experimentados, y ya porque el abatimiento de la soledad destruye la actividad y la emulación que se extienden en un trabajo hecho en compañía.

Evidentemente la solución no es a su juicio el «método más común, y sin embargo el más defectuoso de todos», el cual consiste en confundir todos los presos juntos, cualquiera sea su edad, sexo, condición, etcétera, sino que se inclina por una tercera opción intermedia entre el aislamiento y la aglomeración sin distinción: «agrandar las celdas, y darles bastante capacidad para recibir a dos, tres o cuatro presos, y aún más, asimilándolos [...] del modo más conveniente y por los caracteres y las edades». Más precisamente, habría que agrupar a los presos en primer lugar, separándolos según su sexo: las celdas de hombres y mujeres deberían ubicarse en diferentes lados del mismo panóptico (y no en dos panópticos diferentes, por una razón de economía). En segundo lugar, habría que agrupar los presos en «diferentes clases según su edad, el grado de su delito, la perversidad que manifiestan, la aplicación al trabajo, y las señales que dan de arrepentimiento». El inspector debe «combinarlos de manera que su asociación resulte un freno natural, y un motivo de subordinación e industria».[44] Bien pronto el inspector podrá reconocer a los presos que tienen «una disposición más visible para reformarse y contraer nuevos hábitos, y todas estas observaciones servirán para formar las asimilaciones de las celdas, y las compañías de los presos».[45] En suma, el aislamiento es substituido por el *principio de la separación*. Éste, sumado al principio de vigilancia, asegurará que las tareas efectuadas por los presos al aire libre, como los ejercicios de los domingos en un anfiteatro descubierto, o los traslados que deban realizarse, se desenvuelvan sin dificultades.[46] No obstante, ahora Bentham reconoce que en la prisión misma se pueden cometer faltas y que por consiguiente «es necesario que haya castigos», aumentando su número sin aumentar su severidad y diversificándolos según la naturaleza del delito cometido. Así, verbigracia, dirigir la pena contra la facultad de que se ha

---

[44] Recuérdese, al respecto, la clasificación cuadripartita de los presos de acuerdo a sus oficios y adaptabilidad al trabajo ofrecida en la carta X.

[45] Ver Bentham, 1791e: "Separación de los sexos", 55; y "Separación en clases y en compañías", 55-60.

[46] *Ibidem*: 58-60 y 68.

66

abusado o disponer las cosas de suerte que la pena salga, por decirlo así, de la falta misma. «Siguiendo estos principios, las palabras injuriosas pueden domarse y castigarse con la mordaza; los golpes y las violencias con el vestido estrecho que se pone a los locos; y la resistencia al trabajo con la privación de alimento, hasta que se haya acabado la tarea. Aquí se ve la utilidad de no condenar habitualmente a los presos a la soledad absoluta». Pero a fin de prevenir todo abuso este es el máximo poder que puede atribuirse al inspector. Los otros castigos mencionados sólo podrán imponerse «en presencia y bajo la autoridad de algunos magistrados». Los castigos corporales, contrarios a la salud, quedan completamente excluidos del arsenal de las penas.[47]

En esta reelaboración de su proyecto de prisión panóptica, más allá de los referidos cambios, se reformulan de manera más completa los objetivos conjuntos que es capaz de satisfacer el establecimiento a la vez que se sintetizan en tres reglas precisas los principios de su adecuada administración. Los objetivos que debe alcanzar una institución de esta clase son:

> Retraer de la imitación de los delitos con el ejemplo de la pena; prevenir los delitos de los presos durante su cautividad; mantener entre ellos la decencia; conservar su salud y limpieza, que es parte de ella; estorbar su fuga; procurarles medios de subsistencia para el tiempo de soltura; darles instrucciones necesarias; hacerles adquirir hábitos virtuosos; preservarles de todo mal trato ilegítimo; procurarles el bienestar del que es susceptible su estado, sin ir contra el objeto del castigo; y en fin, logar todo eso por medios económicos, por una administración interesada en el buen éxito, y por reglas de subordinación interior, que ponen a todos los empleados bajo la mano del jefe, y al jefe mismo bajo los ojos del público.[48]

Las reglas que presiden la administración en pos de tales objetivos son: La regla de benevolencia, la regla de severidad y la regla de economía. La primera establece que «la condición ordinaria de un preso condenado a un trabajo forzado por largo tiempo no debe estar acompañada de malos tratamientos corporales, perniciosos o peligrosos

---

[47] *Ibidem*: "De los castigos", 69-70.
[48] *Ibidem*: "De la administración del Panóptico", 45.

para su salud o para su vida»; la segunda que «salvo los miramientos debidos a la vida, a la salud, y al bienestar físico, un preso que sufre esta pena por delitos que casi siempre se cometen por individuos de la clase pobre, no debe gozar de una condición mejor que la de los individuos de la misma clase que viven en un estado de inocencia y libertad»; la tercera «salvo lo que se debe a la vida, a la salud, al bienestar físico, a la instrucción necesaria y a los recursos futuros de los presos, la economía debe ser una consideración de primer orden en todo lo que concierne a la administración; pero no se debe admitir algún gasto público ni desechar ganancia alguna por motivos de severidad o indulgencia».[49]

Ahora bien, ¿cuál es la conexión de la *Prison-Panopticon* con la teoría del castigo de Bentham? ¿Se trata de una simple derivación de sus principios? O, por el contrario, ¿lo que se evidencia es una ruptura, un desajuste? Y si es así, ¿a qué obedece?

III. La prisión como forma general del castigo

La sociedad disciplinaria —cuya constitución sitúa entre fines del siglo XVIII y comienzos del XIX, y en la cual considera que aún vivimos—, se caracteriza, de acuerdo con Foucault, por «un hecho que presenta dos caras aparentemente contradictorias»: la reelaboración teórica del derecho penal y una práctica penal que se desvió rápidamente de los principios teóricos formulados por la primera. La reelaboración teórica del derecho penal llevada adelante por Beccaria y Bentham, pasa fundamentalmente entre otros aspectos, por la previsión de un abanico de penas y la aplicación de una sanción de la misma naturaleza del daño cometido contra el orden social (se mata a quien mató, se expropian los bienes de quien robó, etcétera).

Sin embargo, «el sistema de penas adoptado por las sociedades industriales en vía de formación» fue totalmente diferente a lo que se había proyectado poco antes por los teóricos del derecho penal; «la práctica se desvió rápidamente de los principios teóricos que encontramos en Beccaria y Bentham». Por una parte, el arsenal de penas proyectado se vio substituido por el encarcelamiento, la prisión. Ésta no

---

⁴⁹ *Ibidem*: "De la administración del Panóptico", 45-48.

sólo no pertenece al proyecto de reforma de la mayoría de los teóricos penales, sino que surgió a comienzos del siglo XIX «como una situación de hecho y casi sin justificación teórica». Por otra parte, la legislación penal sufrió una enorme transformación con relación a lo que estaba previsto por la teoría: más que tender a lo socialmente útil (*i.e.*, definir de manera abstracta y general lo socialmente perjudicial para la sociedad para evitar o reparar el delito), buscará «ajustarse al individuo».[50]

En esta misma línea, el jurista y filósofo argentino Enrique Marí ha sostenido que la teoría de la justificación del castigo de Bentham es redefinida y restructurada al abordar las prácticas carcelarias en su proyecto de prisión.[51] Una discordancia, por otra parte, propia de la contradicción que existe entre «las ideas de las luces y los márgenes de su efectiva realización».[52] Modulados por el principio de inspección, los principios de la teoría del castigo, desenvueltos en *An introduction to the principles of moral and legislation* y otros textos, ya no son los mismos, cobran otro cariz. El efecto del panóptico es «la creación de una máquina capaz de sostener un poder independiente del que lo ejerce»[53] que tiene la virtualidad de extenderse a todo el cuerpo social, bajo la forma de la gestión y la normalización; «entre el panóptico y la sociedad hay un *continuum* en que la articulación de economía-humanidad[54] está guiada por el cometido no sólo de apartar, de excluir, sino de crear para la sociedad «el tipo humano» requerido por su forma de producir».[55] Es al mismo tiempo un medio de intimidación para que el *pauper* acepte el régimen de trabajo libre y un centro para alojar de todos aquellos que han quedado fuera del circuito de la producción. Pero en lugar del panóptico, este proyecto de prisión iluminista, «en Millbank se levantó, según la *Hard Labour Law*, una penitenciaría en 1816. Una penitenciaría sin luz, sin transparencia, sin filantropía, sin empresarios».[56]

---

[50] Foucault, 1974: 222-225. Ver también, Foucault, 1975: cap. Dos, sección II "La benignidad de las penas": 108-136.

[51] Marí, 1983: 64-65.

[52] *Ibidem*: 132.

[53] *Ibidem*: 143.

[54] Léase, reducción de costos de las prisiones y más aún provecho pecuniario de su administrador-inspector, suavización de las penas, respectivamente.

[55] *Ibidem*: 146.

[56] *Ibidem*: 157.

Mi propósito, en este apartado, es efectuar un análisis detallado de la relación de la teoría de las penas de Bentham con su modelo de prisión a fin de evaluar la tesis del Foucault y Marí acerca de la ruptura o desajuste entre ambos. No es esta una tarea sencilla, porque no lo es establecer la teoría del castigo de Bentham. Su dificultad principal consiste en la diversidad de sus fuentes, pero también en que la determinación de la autenticidad de algunas de las principales de tales fuentes resulta problemática.[57] Sobre la base de *An Introducion to the Principles of Morals*

---

[57] Hugo Bedau clasifica las fuentes en publicadas y no publicadas. Entre las primeras figura la *Théories des peines et des récompenses*, editadas por E. Dumont, en dos volúmenes en 1811. El primero de estos dos volúmenes, como lo revela una comparación de sus respectivos índices, es la fuente de la mayoría de lo que luego ha sido traducido y publicado en inglés por Richard Smith en 1830 con el título *Rationale of Punishment*, obra también reproducida en la edición de las obras de Bentham de Bowring en 11 volúmenes (1838-1843), como la segunda parte de la obra más amplia *Principle of Penal Law* (vol. I: 388-524). Están también los escritos sobre el panóptico. A estas obras deben adicionarse un corto ensayo titulado «Jeremy Bentham to his fellow-citizens of France, on Death-punishment» escrito en 1831, más tarde publicado como apéndice del *Rationale of Punishment* en la edición de las obras de Bowring (vol. I: 525-532), y el libro *An Introducion to the Principles of Morals and Legislation* (IPML), editado privadamente en 1780 pero publicado recién en 1789 y posteriormente en una nueva edición en 1823. Entre los materiales inéditos cuentan: «Law versus arbitrary Power, or a hatchet for Dr. Paley's net», manuscrito redactado entre 1808 y 1810, y «JB to France against the death penalty, on death for the French ex ministers» (1830). Amén de estas obras enteramente dedicadas al tema del castigo han de tenerse en cuenta también algunas obras que contienen pasajes relativos a este tópico: *A Comment on the Comentaries*, escrito a mediados de los 1790 [en realidad se trata de mediados de los años 1770; la fecha de 1790 debe tratarse de un error tipográfico en el texto de Bedau] y publicado en 1928; y *Of Laws in General*, escrito en 1782 y publicado en 1970. Lo anterior en cuanto a la diversidad de las fuentes. Pero el problema más acuciante es el de la autenticidad de algunas de ellas. Bedau señala al respecto, por una parte, que la correspondencia de Bentham atestigua que éste, durante la década de los 1770 trabajaba duro en un libro provisoriamente titulado *Theory of Punishment*, el cual nunca fue terminado como tal. En su lugar, en 1789, fue publicado IPML, una larga fracción del cual está dedicado a la teoría del castigo. Del libro proyectado, pero nunca concluido, ha quedado un índice escrito entre 1780 y 1785 y, por ende, de fecha anterior tanto a la obra editada por Dumont como a la editada por Smith. Ahora bien, la cantidad de temas que éste propone son menores tanto a los de la edición francesa como a las de la edición inglesa, aun si muchos de ellos coinciden con una y otra edición, y la secuencia es también similar. Sin embargo, tres temas mayores —el castigo por medio de la tortura, la pena de muerte y el panóptico— que figuran en las ediciones de Dumont y de Smith, no tienen lugar en dicho índice. Por lo tanto, sería obvio que el índice del libro inacabado sobre la teoría del castigo se aparta de diversas maneras de las versiones publicadas por Dumont y Smith. En segundo lugar, Bedau, observa que la obra editada por Dumont no es una simple traducción (de manuscritos escritos por Bentham en 1775) sino que hay, como el propio Dumont declara, comentarios, abreviaciones y complementos de su parte. Lo que es más,

and Legislation (IPML) y algunos manuscritos de Bentham, Bedeau ha sintetizado en quince proposiciones fundamentales el núcleo de lo que puede considerarse con seguridad como parte integrante de la teoría del castigo de Bentham. Con relación a nuestros interrogantes, interesa destacar tres de ellas: *1)* los castigos corporales (*afflictive punisments*), el mayor de los cuales es la pena de muerte, ha de ser evitado siempre que sea posible en favor de intervenciones menos brutales; *2)* la prisión debería desenvolverse como una institución para obtener beneficios; *3)* los castigos infundados, ineficaces, superfluos o que son demasiados costosos son inapropiados.[58] La proposición *1)* tiene que ver con el favorecimiento de castigos que no vulneren la integridad física de las personas, y se conecta directamente con la proposición *3)* en la cual encuentra su fundamento, en función del principio de utilidad. La proposición *2)* constituye también una forma de aplicación particular del principio de utilidad, que tiene que ver principalmente con el provecho económico.

Agreguemos aún tres aspectos de la teoría del castigo de Bentham, relevantes en función de nuestros interrogantes: *4)* la clasificación de las penas; *5)* las características que debe reunir una pena para cumplir con su finalidad (la prevención del delito, en su doble modalidad de prevención especial y prevención general) y *6)* el principio de la va-

---

Bentham no habría revisado esta obra y, lo que es peor, en su correspondencia dice que la teoría del libro de Dumont «no es suya». La edición de Smith, por su lado, se basa fuertemente en la versión de Dumont. No obstante, la comparación tema por tema de los respectivos índices revela una considerable diferencia entre ambas obras. El propio Smith declara en el "*Advetissement*" que su versión no es una traducción literal del texto en Francés de Dumont ni tampoco una compilación basada exclusivamente en los manuscritos de Bentham sobre la teoría del castigo; y Bedau no descarta una participación hasta cierto punto creativa de su parte. Ver Bedau, 2004: 1-6. Tony Draper, también ha sostenido la referida clasificación tripartita de los trabajos de Bentham sobre la teoría del castigo. Entre las obra publicadas considera, como particularmente útil una obra no citada por Bedau: *A View if the Hard-Labour Bill* de 1798. Por lo demás, alerta sobre la complejidad de la tarea de reconstruir la doctrina de Bentham sobre el castigo a partir de los manuscritos como consecuencia de sus características. A pesar de los problemas conocidos que presentan las ediciones de Dumont y Smith entiende, de consuno con otros especialistas, que dichos textos deben ser aceptados como representativos del pensamiento de Bentham, aun cuando éstos deberían ser evitados allí donde los propios textos de Bentham traten sobre la misma materia. Ver Draper, 2002: 3-5. Sobre las referencias de las obras citadas en esta nota ver Bibliografía I, B y D. En lo que sigue tomaré especialmente en cuenta, para mi análisis, *Théories des peines et des récompenses* por lo amplitud con se abordan los temas y en tanto lo allí dicho no se contradice con lo expuesto en IPML.

[58] Ver las proposiciones indicadas como h., l. y m., respectivamente (Bedau, 2004: 10-11).

riedad y combinación de las penas. Las penas se dividen en dos grandes clases: las penas corporales y las penas privativas o de pérdidas, o de privación de derechos honores y empleos. Las primeras se subdividen en penas simplemente aflictivas, penas aflictivas complejas, penas restrictivas, penas activas o laboriosas y penas capitales. El encarcelamiento es una especie de pena restrictiva.[59] Entre las penas privativas cuentan, entre otras, las penas de deshonor y las penas pecuniarias.[60] En cuanto a las características que deben reunir, las penas deben ser: *i)* divisibles; *ii)* certeras e igualitarias; *iii)* conmensurables; *iv)* análogas; *v)* ejemplares; *vi)* económicas; *vii)* remisibles; *viii)* capaces de suprimir el poder de dañar; *ix)* tendientes a la enmienda moral; *x)* convertibles en provecho; *xi)* descriptas de manera simple; *xii)* populares.[61] De acuerdo al principio de variedad y combinación de las penas, dado que no hay ninguna pena que, tomada separadamente, reúna las características que éstas deben satisfacer con miras a cumplir con su finalidad, es necesario elegir entre diversas de ellas y combinarlas para encontrar la composición necesaria.[62]

---

[59] Las penas corporales «son aquellas que afectan inmediatamente la persona en sus facultades activas o pasivas». Las penas restrictivas son definidas a su vez como aquellas que «encadenan el ejercicio de las facultades del hombre, impidiéndole recibir las impresiones que le agradarían, o el hacer lo que desea, que es privarle de su libertad, respecto de ciertos goces y de ciertas acciones» y son de dos tipos según el impedimento sea moral o físico. Aunque estas últimas afectan a todas las acciones en general, lo hacen especialmente con relación a las acciones locomotivas. Cuando tales acciones son las afectadas por la restricción, la pena se denomina confinamiento territorial. Y si el lugar en el que se confina a una persona «es un espacio estrecho, rodeado de paredes, y cuyas puertas están cerradas con llaves, la pena es de encarcelamiento. Al lado del encarcelamiento hay otras cuatro especies de confinamiento: el arresto, el destierro, el extrañamiento y la interdicción local». Ver Bentham 1811, TI "Teoría de las penas legales", Libro primero "Principios generales", cap. II "Clasificación" y Libro segundo "De las penas corporales", cap. III "De las penas restrictivas. El confinamiento": 14 y 87-88, respectivamente.

[60] Ver Bentham, 1811, TI "Teoría de las penas legales", Libro tercero "De las penas privativas": 200-251. Ver asimismo Bentham, 1802, vol. III, "Principios de Código penal" (continuación), Tercera parte "De las penas", cap. VII "División de las penas": 50-53.

[61] Ver Bentham, 1811, T I "Teoría de las penas legales", Libro primero "Principios generales", cap. VI "De las calidades que deben tener las penas": 30-40; Ver también Bentham 1802, vol. III, "Principios de Código penal" (continuación), Tercera parte "De las penas", cap. VI "De la elección de las penas"; y Bentham, 1789: cap. XV donde la clasificación se efectúa en término de once características.

[62] Ver Bentham 1802, vol. III, "Principios de Código penal" (continuación), Tercera parte "De las penas", caps. VII "División de las penas" y VIII "Justificación de la variedad de penas": 50-53 y 54-57 respectivamente.

Resulta curioso que Bentham, que ha ofrecido no solo una clasificación de las penas sino también una previa clasificación de los delitos,[63] no haya especificado cuáles son las penas o la combinación de penas que ha de corresponder para cada delito. Se ha limitado, en cambio, a considerar cuáles son las características que satisfacen o no satisfacen los distintos tipos de penas, de modo que resulten más o menos adecuadas para cumplir con su finalidad.[64] Esto ha dado lugar a opiniones diversas. Así, José Juan Moreso, por ejemplo, ha sostenido que uno de los puntos básicos de la teoría de la legislación penal benthamiana es «la convicción de que la mayoría de los delitos pueden ser reparados por compensaciones pecuniarias (en muchos casos previo acuerdo entre el delincuente y la víctima) y la consiguiente reducción de las penas privativas de libertad»[65] No obstante Bentham afirma expresamente respecto de este tipo de satisfacción que «prenda de la mayor parte de los placeres, el dinero es una compensación eficaz de muchísimos males; pero no siempre puede darla el ofensor, ni conviene al ofendido recibirla. Ofrecer a un hombre de honor ultrajado el precio mercenario de un insulto, es hacerle una nueva afrenta».[66] A esto, Bentham agrega:

[…]la satisfacción pecuniaria está en su más alto punto de oportunidad o conveniencia en aquellos casos en que el daño padecido por la parte perjudicada, y el provecho que el delincuente ha sacado de su delito, son

---

[63] Para su clasificación de los delitos Ver Bentham 1802, vol. III, "Principios de Código Penal" (continuación), Parte primera "De los delitos", especialmente caps. I a III.: 173-183.

[64] Ver Bentham, 1811.

[65] Moreso, 1992: 352. En apoyo de su afirmación, Moreso remite a *The Theory of Legislation* [1864], (traducción de Richard Hildreth de *Traités de législation civile et pénale*, Étienne Dumont (éd.), 1802), Tripathi privated limited, Bombay and Oceana Publications inc., Dobbs Ferry, New York, 1975, p. 289. En esta obra, en efecto, Bentham efectúa una clasificación cuatripartita de los remedios políticos en contra de los delitos, a saber, los remedios preventivos (que pueden ser directos o indirectos), los remedios supresivos, los remedios satisfactorios y los remedios penales o penas. Entre los remedios satisfactorios se encuentran las satisfacciones pecuniarias. Ver Bentham, 1802, vol. II, "Principios de Código Penal", Segunda parte "Remedios políticos contra el mal de los delitos", caps. I "Materia de este libro" y VIII "De las diversas especies de satisfacción": 230-231 y 252-253, respectivamente.

[66] Bentham, 1802, vol. II, "Principios de Código Penal", Segunda Parte "Remedios políticos contra el mal de los delitos", cap. VIII "De las diversas especies de satisfacción": 252.

igualmente de naturaleza pecuniaria, como el hurto, el peculado y la concusión. El remedio y el mal son homogéneos, la compensación puede medirse exactamente por la pérdida, y la pena por el provecho del delito. Este género de satisfacción no es tan fundado cuando hay pérdida pecuniaria por un lado, sin que por el otro haya provecho pecuniario, como sucede en las talas hechas por enemistad, por negligencia, o por accidente. Aun es menos fundado en los casos en que no puede apreciarse en dinero ni el mal de la parte ofendida, ni el provecho del autor del delito, como sucede en las injurias que tocan el honor.[67]

Pero además y, sobre todo para Bentham, la satisfacción (en general) no es un eventual sustituto de la pena, sino un complemento de la misma: la pena sola, nos dice, no basta para hacer cesar los males causados por el delito, sino solamente para aminorar el número de delincuentes sin nunca eliminarlo completamente; ello deja siempre el temor en la población de ser víctima de un delito y si se quiere contrarrestar dicho temor «es menester que la satisfacción siga al delito tan constantemente como la pena. Si fuera seguido de la pena sin satisfacción, cuantos culpados hubiera castigados, otras tantas pruebas habría de que la pena ineficaz, y por consiguiente, ora tanta alarma en la sociedad».[68]

En un sentido completamente contrario a la interpretación de Moreso, el traductor de la versión inglesa de 1864 de *Traités de lagislation civile et pénale* (publicada en francés en 1802), Richard Hildreth, sostiene, en nota inserta al fin del capítulo VIII de la tercera parte de los principios de código penal, «*Justification of Variety in Punishments*», que a pesar de todos los razonamientos de Bentham sobre la diversidad de las penas, de acuerdo a los propios principios de Bentham, se debe adoptar la opinión de que el encarcelamiento, modificado en diversos aspectos, «es la única pena que el legislador necesita emplear —con excepción de aquellas satisfacciones, pecuniarias u honoríficas que deben formar parte de todo código y que en cierto sentido pueden ser consideradas penas». Como apoyo a esta opinión, aduce que el encarce-

---

⁶⁷ Bentham, 1802, vol. II, "Principios de Código Penal", Segunda Parte "Remedios políticos contra el mal de los delitos", cap. XI "De la satisfacción pecuniaria": 258.

⁶⁸ Bentham, 1802, vol. II, "Principios de Código Penal", Segunda Parte "Remedios políticos contra el mal de los delitos", cap. VII "Razones en que se funda la obligación de satisfacer": 250-251.

74

lamiento reúne todas las cualidades considera deseable por Bentham, que sean satisfechas por las penas:

1) Es peculiarmente susceptible de *más o de menos* [i.e., *divisible*]. *2)* Puede ser fácilmente *igual a sí misma*, esto es, uniforme en su severidad respecto del castigo a los diferentes condenados por el mismo delito. *3)* Es *conmensurable* en un alto grado. *4)* Es *ejemplar*, en la medida en que la cárcel es una constante amonestación a los delincuentes. *5)* Es *económica*, o puede ser fácilmente convertida en tal mediante arreglos apropiados, y ello en más de un sentido; porque mientras es considerada como un castigo tanto por el delincuente como por el público, en lugar de infligir un perjuicio contra el delincuente, en muchos casos puede conferirle un alto grado de beneficio, tanto físico como moral; y respecto de los gastos pecuniarios públicos, toda cárcel, excepto las casas de mera detención, pueden y deben ser hechas de tal modo que sean mantenidas por sí mismas. *6)* Es *remisible*, y tan revocable como cualquier otra pena. *7)* Debe además ser considerada *análoga* al delito, ya que toda ofensa consiste en un abuso de libertad y poder, y es adecuadamente castigada mediante una restricción de libertad. También posee en un alto grado dos de las otras cualidades estimadas importantes por Bentham, aunque menos que aquellas ya mencionadas. *1) Tiende a reformar el delincuente*, exceptuándolo de las tentaciones de la libertad e inculcándole motivos virtuosos y una oportunidad de recuperar el autodominio. *2)* Quita al delincuente, durante el tiempo de su permanencia, el cual puede ser largo, la posibilidad de causar daño. Otro punto de la más alta importancia es que la severidad de la pena sea **proporcionada** a la magnitud del delito, y ello de acuerdo a una escala **simple, y fácil de ser comprendida**. La variedad de tipos de penas parece ser inconsistente con este objeto esencial, porque ¿mediante qué medida común se las va a calcular?; ¿cuántos latigazos son equivalentes a cuántos días de encarcelamiento? Esta es una cuestión de lujo sobre la cual incluso dos hombres no se pondrán de acuerdo.[69]

Como se ha dicho, Bentham no explicita para qué tipo de delitos la prisión resulta un castigo conveniente y menos aún afirma que la pri-

---

[69] Ver Bentham, *The Theory of Legislation*, London, Trübner and co., 1864: 346. El énfasis en negrita me pertenece.

sión sea el único tipo de pena apropiado para todos los delitos por reunir todas las características deseables con vistas a sus fines. De hecho, esta última afirmación contradice el principio de variedad de las penas asumido explícitamente por Bentham, así como su aseveración de que «no hay pena alguna que las reúna todas [las cualidades de las penas], sino que según la naturaleza de los delitos unas son más importantes que otras».[70] Por lo demás, el examen del encarcelamiento que explícitamente encontramos en la obra de Bentham no coincide con el que nos brinda el traductor al inglés y comentador de *Traités de législation civile et pénale*, Richard Hildreth. Lo más llamativo es que Hildreth, en la nota mencionada, refiere que las ideas sugeridas en el capítulo que él comenta han sido mucho más desarrolladas y sostenidas con nuevos argumentos en la obra de Bentham compilada y editada por E. Duomnt *Théories des peines et des récompenses*. Y es justamente en esta obra que se examina con mayor detalle si la prisión reúne o no y en qué medida las diferentes cualidades que debe reunir una pena para ser apropiada con relación a sus fines.[71] Bentham enumera doce cualidades que deben reunir las penas. De ellas, con relación a la prisión examina ocho: la capacidad de suprimir el poder de dañar, la convertibilidad en provecho que trata conjuntamente con la de su costo económico, la igualdad, la divisibilidad, la ejemplaridad, la sencillez en la descripción y la capacidad de corrección o enmienda de los delincuentes.[72] No considera por consiguiente, la comensurabilidad, la analogía,

---

[70] Ver Bentham, 1811, vol. I "Teoría de las penas legales", Libro Primero "Principios generales", cap. VI. "De las calidades que deben tener las penas": 40.

[71] Ver Bentham 1811, vol. I "Teoría de las penas legales", Libro segundo "De las penas corporales", cap. V "Examen del encarcelamiento": 96-109. En Bentham 1802, que es la obra traducida por Hildreth, en su vol. III, "Principios de Código penal" (continuación), Tercera parte "De las penas", cap. VI "De la lección de las penas" se considera en general las diferentes cualidades de la penas y luego en el cap. IX "Examen de algunas penas usadas" se le dedica un apartado a la prisión (ver. Vol III: págs. 50-53), pero en el cual no se abordan más que algunas generalidades relativas en su mayor parte a la situación inconveniente de la mayoría de las prisiones de la época.

[72] Esta última cualidad está tratada explícitamente aunque no enumerada. Por lo demás estas ocho características aquí enumeradas para Bentham, con excepción de la igualdad, son satisfechas por la prisión panóptica. Ver Bentham 1811, vol. I "Teoría de las penas legales", Libro segundo "De las penas corporales", cap. V "Examen del encarcelamiento": 96-99. Más adelante al considerarse las características del panóptico, se advierte que en éste es posible además procurar una compensación a la parte perjudicada. Ver Bentham 1811, vol. I, "Teoría de las penas legales", Libro segundo "De las penas corporales", cap XII "Casa de penitencia. Panóptico": 153.

la remisibilidad ni la popularidad. Hildreth, por su parte, si se mira bien, considera 12 cualidades que deben reunir las penas con relación a la prisión. Sin embargo, omite considerar unas de las mencionadas por Bentham, la popularidad, y agrega otra que aunque no está enumerada por Bentham en el mismo capítulo, sí es considera por él en dicha obra: la proporcionalidad.[73] Dejando de lado la cualidad de la popularidad —ignorada por ambos, pero que cabe presumir que dan por sobreentendido que la prisión, al menos con las reformas que propone Bentham, ha de ser menos antipopular y generará, en el peor de los casos, menos reacciones adversas por parte de la ciudadanía que otros tipos de penas como, por ejemplo el destierro, las mutilaciones o la pena de muerte— podría concederse que Bentham no considera explícitamente la remisiblidad porque la respuesta es obvia: salvo la pena de muerte todas las demás penas pueden ser revocadas con efectos para el futuro.[74] Las diferencias más notables entre Bentham y su traductor y comentador —dejando ahora de lado la ya señalada negación por parte de este último del principio de la variedad y combinación de las penas defendido explícitamente por el primero— se hacen patentes con relación a la comensurabilidad, a la analogía (ninguna de las cuales es abordada por Bentham con relación a la prisión, aunque sí por Hildreth) y a la igualdad (considerada por ambos).

Para percatarnos de la diferente ponderación respecto de la comensurabilidad debe advertirse que esta cualidad de las penas tiene para Bentham dos sentidos, según se refiera a un mismo tipo de pena o a dos tipos de penas diferentes.[75] Respecto del primer sentido no hay discrepancia alguna entre ambos autores; es evidente que es fácilmente comparable la diversa gravedad de la pena de un delito que está correlacionada con una de cinco años de prisión con la de otro

---

[73] Ver Bentham, 1811, Vol. I "Teoría de las penas legales", Libro Primero "Principios generales", cap. V "De la medida de las penas": 22-29. Bentham no sólo considera la proporcionalidad de las penas como un principio general en la materia, sino que provee una explicación de en qué consiste esta proporción e incluso cuáles son las reglas por las que debe determinarse cuál es la medida de la pena para cada delito.

[74] Ver Bentham 1811, vol. I, Libro I "Teoría de las penas legales", Libro Primero "Principios generales", cap. VI. "De las calidades que deben tener las penas": 37.

[75] Ver Bentham 1802, vol. III, "Principios de Código Penal" (continuación), Tercera parte "De las penas", cap. VI "De la elección de las penas": 39.

delito correlacionado con siete años de prisión.[76] Es con relación al segundo de los sentidos que Hildreth pone en crisis el principio de comensurabilidad de las penas.

Pasemos a considerar la cualidad de la igualdad, para ocuparnos a continuación de la de analogía. Las diferencias entre Bentham y Hildreth son en este punto significativas. Explicitemos, ante todo, la definición de Bentham: una pena es *incierta* por su naturaleza cuando el delincuente puede sufrirla sin ser afectado por el dolor [...] Una pena incierta es *desigual*. La perfecta certidumbre supone igualdad perfecta; esto es, que cuantos sufren la pena la sufren en el mismo grado; pero la sensibilidad de los individuos es tan variada y tan desigual, que la perfecta igualdad de pena es una quimera de la legislación: basta con evitar toda desigualdad manifiesta y chocante.[77]

Recordemos ahora lo que afirma Hildreth: la prisión «puede ser fácilmente igual a sí misma, esto es, uniforme en su severidad respecto del castigo a los diferentes condenados por el mismo delito». Bentham afirma lo contrario: «en cuanto a la *igualdad*, esta pena es evidentemente muy defectuosa; y para convencerse de ello basta recorrer el catálogo de privaciones de que se compone. Entre un valetudinario de edad y un joven robusto, entre un padre de familia y uno que no la tiene, entre un rico que disfruta de todo y un miserable, la pena que es nominativamente la misma, es efectivamente desigual en el más alto grado». Pese a que la pena del encarcelamiento es desigual, aduce sin embargo Bentham, «se debe observar que es propia para producir universalmente su efecto; porque nadie es insensible a la pri-

---

[76] El ejemplo es del propio Bentham. Ver Bentham 1802, vol. III, "Principios de Código Penal" (continuación), Tercera parte "De las penas", cap. VI "De la elección de las penas": 39.

[77] Ver Bentham 1811, vol. I, Libro I "Teoría de las penas legales", Libro Primero "Principios generales", cap. VI. "De las calidades que deben tener las penas": 31-32. En Los tratados de legislación civil y penal, se llama a esta cualidad de las penas «Igual a ella misma» y se la define como sigue: «es necesario que en un grado dado sea la misma para muchos individuos, reos del mismo delito, a fin de corresponder a sus diferentes medidas de sensibilidad. Esto exige que se atienda a la edad, al sexo, a la condición, a los bienes, a los hábitos de los individuos y a otros muchas circunstancias; porque de otro modo, la misma pena nominal, siendo demasiado dura para unos, y demasiado suave para otros, o traspasaría el blanco o no llegaría a él». Ver Bentham 1802, vol. III, Principios de Código penal (continuación), Tercera parte "De las penas", cap. VI "De la elección de las penas": 38-39.

vación de la libertad y a la interrupción de todos sus hábitos, y particularmente de los sociales».[78]

La consideración de la cualidad de la analogía relativamente a la prisión es con mucho una de los aspectos más significativos en función de nuestros interrogantes. En primer lugar porque el silencio de Bentham al respecto es particularmente sugestivo si se tiene en cuenta la importancia que atribuye a dicha cualidad entre las doce por él enumeradas. En términos expositivos, baste considerar que es a la única que le concede, ya no uno, sino dos capítulos independientes (fuera de su consideración general en el ya referido el cap. VI): caps. VII "De la analogía entre las penas y los delitos" y cap. VIII "Del talión".[79] En términos conceptuales téngase presente que de acuerdo con Bentham, dado que no hay penas que reúnan todas las cualidades, «en los delitos mayores se debe atender principalmente a la ejemplaridad y la analogía. En los leves se ha de mirar más bien a la economía y al objeto moral de la enmienda. En los delitos contra la propiedad es menester preferir las penas convertibles en provecho del que puede sacarse una compensación para la parte perjudicada».[80]

En segundo lugar, porque la manera en que Hildreth intenta suplir la omisión del filósofo no hace más que poner de manifiesto que la cualidad de la analogía no se aplica a la prisión; de hecho, su argumento es completamente forzado. Recuérdese su explicación citada más arriba: la analogía está presente en la pena de prisión «ya que toda ofensa consiste en un abuso de libertad y poder, y es adecuadamente castigada mediante una restricción de libertad». La analogía, según Bentham, debe darse entre la pena y el delito —de modo que la primera «se grave más fácilmente en la memoria» y se «presente más vivamente a la imaginación si tiene una semejanza característica» con el primero— y los delitos son, como se ha visto, simétricamente a la penas, objeto de una clasificación. Si bien todas las penas son en algún sentido contrarias a la libertad en la medida que no se las sufre sino por la fuerza, no todas ellas consisten concretamente en una pér-

---

[78] Ver Bentham 1811, vol. I, "Teoría de las penas legales", Libro segundo "De las penas corporales", cap. V: "Examen del encarcelamiento": 97-98.

[79] Conf. Bentham 1811, vol. I "Teoría de las penas legales", Libro I "Principios generales": 44-52 y 53-55, respectivamente.

[80] Bentham 1811, vol. I "Teoría de las penas legales", Libro I "Principios generales", cap. VI: 40.

dida de la libertad ambulatoria, como en el caso de la prisión; y si bien todos los delitos en algún sentido afectan la libertad de los otros en tanto se efectúan contra su voluntad, no todos ellos consisten en una privación de su libertad ambulatoria como por ejemplo en el caso, verbigracia, del secuestro extorsivo. Lo dicho por Bentham acerca de que «en los delitos contra la propiedad es menester preferir las penas convertibles en provecho del que puede sacarse una compensación para la parte perjudicada» lleva a pensar, por otra parte, que para este tipo de delito la pena más adecuada es la prisión. Ello así porque, por una parte, si bien las penas pecuniarias «son las únicas de que están completamente dotadas de esta calidad»,[81] «los delincuentes son por lo común clase indigente»[82] y por otra, porque en la prisión reformada según los principios de Bentham, en el panóptico, «se combinan los trabajos [de los delincuentes] con la economía de la administración» de modo que «puede lograse un beneficio bastante para que se proporcione a lo menos una parte de la indemnidad a la parte perjudicada».[83]

Hildreth, por lo tanto, no es completamente fiel al pensamiento de Bentham. Sin embargo, su análisis permite poner de manifiesto dos cosas: *1)* que la prisión como forma de pena no tiende, según el pensamiento de Bentham, a ser reducida por medio de la compensación pecuniaria (tal como opina Moreso) o cualquier otro mecanismo sino más bien a imponerse con relación a otro tipo de penas; y *2)* que la tendencia a la generalización de la prisión como forma de castigo está en tensión con el principio de variedad y combinación de las penas que explícitamente sostiene Bentham.

Recapitulando, para Bentham una prisión panóptica, de las 12 cualidades que debe reunir una pena, satisface plenamente 9 de ellas, en tanto se trata de una pena divisible, ejemplar, económica, remisible, capaz de suprimir el poder de dañar, tendiente a la enmienda moral, convertible en provecho, posible de ser descripta de manera simple, y que es popular. No satisface, en cambio, la cualidad de ser certera e

---

[81] Ver Bentham 1811, vol. I "Teoría de las penas legales", Libro Primero "Principios generales", cap. VI: "De las calidades que deben reunir las penas": 37.

[82] Ver Bentham 1811, vol. I "Teoría de las penas legales", Libro Segundo "De las penas corporales", cap. XII "Casa de penitencia. Panóptico": 160.

[83] Ver Bentham 1811, vol. I "Teoría de las penas legales", Libro Segundo "De las penas corporales", cap. XII "Casa de penitencia. Panóptico": 161.

igualitaria, aunque esta deficiencia se vería atenuada por el carácter universal que representa la pérdida de la libertad, ni tampoco la de la analogía. La cualidad de comensuralibilidad es satisfecha por la prisión sólo a medias o, mejor dicho, sólo en uno de los dos sentido en que puede ser entendida: la pena de prisión es comensurable consigo misma, pero no con otras penas. Sumemos a ello que la prisión también satisfaría —según advierte Hildreth— el principio de proporcionalidad. Dado que, de acuerdo con Bentham, ninguna pena puede satisfacer todas las cualidades que una pena debiera reunir para ser adecuada a sus fines, ello no es algo que deba ser requerido de la prisión; sin embargo, la prisión panóptica satisface un alto porcentaje de ellas y en tal sentido parece un buen candidato a ser propuesta como una pena adecuada en función de sus fines y, según se ha visto, particularmente apropiada como remedio contra los delitos contra la propiedad y, por ende, especialmente destinada a los pobres dado que, de acuerdo con Bentham, son los que más frecuentemente comenten delitos (y no sólo contra la propiedad): «los ricos son pocos, y rara vez cometen crímenes, los pobres son muchos y los delitos más frecuentes nacen de la indigencia».[84]

Súmese a estas consideraciones el examen que efectúa Bentham de la mayoría del resto del abanico de penas. Las penas aflictivas simples son ciertas («porque la sensibilidad orgánica sobre la que obran, es un atributo universal de la naturaleza humana») pero muy desiguales en tanto la capacidad de sufrimiento varía de individuo en individuo, sexo, edad, estado de salud, etc. Esto último podría remediarse si se otorga competencia al juez para acomodar la intensidad de estas penas a dichas circunstancias. Son fácilmente divisibles y su mérito principal es la ejemplaridad, pero no sirven para reformar.[85] Es evidente que también son remisibles, que pueden ser análogas con los delitos, y son populares y en todo caso no muy antieconómicas. Baste observar, aun si Bentham no lo dice expresamente, que sigue de sus definiciones que estas penas no son convertibles en provecho para la parte per-

---

[84] Ver Bentham 1811, vol. I "Teoría de las penas legales", Libro Segundo "De las penas corporales", cap. IX "De las penas restrictivas", Sección II "Examen de las penas activas": 133.

[85] Ver Bentham 1811, vol. I "Teoría de las penas legales", Libro Segundo "De las penas corporales", Cap. I "De las penas aflictivas simples", Sección II "Examen de las penas aflictivas": 72-75.

judicada, ni son fácilmente conmensurables con otras penas. En cuanto a las penas aflictivas complejas (*i.e*, que inhabilitan o mutilan un órgano o miembro del cuerpo) hay contra ellas «un gran argumento por la relación de la *economía*. Si su efecto es de privar al individuo de los medios de ganar la vida y que no tenga con qué subsistir, la consecuencia es de dejar perecer o de mantenerle. Si se le deja perecer es una pena capital, y no la decretada por el legislador. Si se le mantiene ha de ser a costa de amigos, o de los establecimientos de caridad, o a expensas del público y, en todos los casos, es una pérdida para el Estado. Esta sola consideración basta para reprobar la aplicación de esta pena a delitos frecuentes como el robo y el contrabando». Otras objeciones importantes contra este tipo de penas es que no son remisibles, son muy desiguales, y no tienden a la reforma del delincuente.

En conclusión, «no deben usarse, sino en los delitos más graves, y en los casos de condena de cárcel perpetua».[86] En cuanto al estañamiento (*i.e.*, obligación de permanecer en un lugar fuera del propio Estado), es mejor que las prisiones no reformadas, (pero no que las prisiones panópticas) de acuerdo a la regla de la economía, dado que «el preso debe ser mantenido lo que en una estimación media produce pérdida para el Estado, y un hombre libre da provecho, porque produce más de lo que consume. Un hombre confinado no da ni ganancia ni pérdida para el Estado. Se trata por lo demás de una pena muy desigual y que no es ejemplar, aunque podría bajo circunstancias favorables, tender a la reforma. Pero como éstas circunstancias son más bien excepcionales «habrá pocos casos en que sea útil el extrañamiento».[87]

A mayor abundamiento véase la severa crítica a que Bentham somete la deportación a Botany Bay.[88] Los trabajos forzados presentan muchas ventajas: son convertibles en provecho, son iguales a sí mismos, son divisibles, tienden a la reforma, y no están desprovistos de analogía. No obstante, valen poco para el escarmiento y, sobre todo, son

---

[86] Ver Bentham 1811, vol. I "Teoría de las penas legales", Libro Segundo "De las penas corporales", capítulo II "De las penas aflictivas complejas", Sección III, apartado "Examen de las penas aflictivas complejas": 85-87.

[87] Ver Bentham 1881, vol. I "Teoría de las penas legales", Libro Segundo "De las penas corporales", Cap. VIII "Otras especies de confinamiento territorial. Semiencarcelamiento. Destierro. Extrañamiento", apartado "Examen del confinamiento territorial": 121-124.

[88] Ver Bentham 1881, vol. I "Teoría de las penas legales", Libro Segundo "De las penas corporales", Cap. IX "De la deportación a Botany-Bay": 136-152.

menos económicas que otras, en particular que el panóptico, «no por sí mismas, pues dan un provecho, sino porque estando combinadas con el encarcelamiento ocasionan gastos necesarios de mantenimiento e inspección». Este trabajo bien dirigido podría producir, de todas maneras, un beneficio que iguale y aún exceda los gastos, agrega Bentham.[89] Pero, habría que considerar también que aun en este caso tales trabajos no contarán con los beneficios de la vigilancia y todos los beneficios que ésta trae aparejados según él, que son propios del Panóptico. Con relación al detallado escrutinio al que Bentham somete la pena de muerte retengamos simplemente su conclusión: «De todas estas consideraciones bien meditadas, resulta, en nuestro dictamen que el prodigar la pena de muerte es una equivocación de los legisladores, y que ésta es un error de situación».[90] Aunque las penas ignominiosas o infamantes admiten muchos grados, son ejemplares en el más alto grado y son remisibles, lo cierto es que su empleo presenta dificultades particulares: «el legislador no es arbitro para dar un carácter de desgracia o de deshonor a todos los delitos; porque los hay que no excitan la animadversión pública, o que sólo la excitan débilmente [...]. Hay puntos acerca de los cuales los sentimientos del pueblo son directamente contrarios a los del legislador; y hay otros en los cuales el pueblo está vacilante, indeciso, o poco inclinados a seguir de aquel».[91] Las penas pecuniarias poseen muchas ventajas: son convertibles en provecho y por ello son aptas con vistas a la indemnidad; pueden fijarse con igualdad si se aplica la misma proporción en función de los capitales; es «variable a la perfección». Cuando su valor relativo es considerable presenta una desventaja: las personas relacionadas con el delincuente, que son inocentes, tienden a padecer con él

---

[89] Ver Bentham 1881, vol. I "Teoría de las penas legales", Libro Segundo "De las penas corporales", Cap. X "Penas activas o trabajos forzados", Sección II "Examen de las penas activas": 132-135.

[90] Ver Bentham 1881, vol. I "Teoría de las penas legales", Libro Segundo "De las penas corporales, cap. XIV "Examen de la pena de muerte": 175-194; la cita textual es de pág. 190. Para un análisis a la vez detallado y crítico del examen de Bentham acerca de la pena de muerte ver, Bedau, 1983.

[91] Ver Bentham 1881, vol. I "Teoría de las penas legales", Libro Tercero "De las penas privativas", cap. III, y II "Examen de las penas simplemente ignominiosas": 222-231; la cita textual es de págs. 223-224.

y no tienen mérito particular con relación a su ejemplaridad.[92] Huelga decir que ella será impracticable para los carentes de patrimonio.

En pocas palabras, de las siete referidas penas ninguna de ellas es superior, a los ojos de Bentham, a su proyecto de prisión panóptica. Tres de ellas, de hecho, quedan prácticamente descartadas por no «pasar el examen»: las penas aflictivas complejas, el extrañamiento y la pena de muerte. De las cuatro restantes, no queda mucho. Las penas ignominiosas o infamantes, aunque podría decirse que pasan el test, su uso es particularmente difícil y delicado y, por ende, muy reducido; los méritos de los trabajos forzados, ceden comparativamente a los del panóptico quedando, por ello, desplazados. Las penas aflictivas simples, frente a la prisión panóptica, tienen la desventaja de que no son convertibles en provecho para la parte perjudicada, con lo cual pierden utilidad. Por lo demás, en la concepción de Bentham, un principio general es que los castigos corporales (cuya máxima expresión es la pena de muerte) deben ser evitados siempre que sea posible una intervención menos brutal;[93] esto es lo que facilita justamente el panóptico. La aplicabilidad de las penas pecuniarias queda reducida a aquellos que poseen bienes.

Tony Draper[94] lamenta el hecho de que a partir de *Surveiller et punir* de Foucault se haya tendido a centrar la atención en el dispositivo arquitectural del panóptico más que en la evaluación detallada de los principios del castigo en los que éste se basa. De este modo, se ignorarían la teoría del castigo de Bentham en favor de uno de sus dispositivos. A su juicio, una vez que se ve que la teoría de las penas de Bentham es independiente de cualquier modo de castigo y, en particular, se la desconecta de la constante asociación con el panóptico, sus análisis teóricos exhibirían una considerable consistencia. La vigilancia, el control, la normalización no serían resultados inevitables del pensamiento de Bentham sobre el castigo y el proyecto de panóptico debería ser visto simplemente como una entre muchas de la otras complejas formas de castigo por él sugeridas. A mayor abundamiento, Draper afirma que las preferencias por las formas de castigo de Bentham se

---

[92] Ver Bentham 1881, vol. I "Teoría de las penas legales", Libro Tercero "De las penas privativas", cap. IV "De las penas pecuniarias y cuasi pecuniarias, pérdidas de propiedad", II "Examen de las penas pecuniarias": 232-234.

[93] Ver Bedau, 2004: 10.

[94] Ver Draper, 2002: 1-2, 14 y 16.

84

fueron modificando a lo largo de su vida. Así, en sus primeros escritos se recomendarían una variedad de castigos corporales; en los años intermedios el panóptico reviste un interés primordial; en los 1820, habría evidencia que sugeriría que Bentham fue sintiendo un creciente apego a los castigos no aflictivos, aunque complejos, como el destierro y las multas.[95]

Es cierto, como se desprende de lo expuesto, que la teoría de las penas de Bentham es independiente del panóptico (o de cualquier otra forma particular del castigo). Ello en el sentido preciso de que el panóptico no constituye una *aplicación* de su teoría. Pero esta constatación, lejos de abonar la tesis de Draper, no hace más que confirmar, por el contrario, lo que ha subrayado Foucault: hay una ruptura o desajuste significativo entre el panóptico en tanto pena fuertemente privilegiada con relación a las demás (al punto de terminar siendo prácticamente exclusiva salvo contadas excepciones) y el principio de la variedad y combinación de las penas (uno de los principios fundamentales de la teoría de las penas de Bentham). Es evidente que si se desconecta su teoría de las penas de la asociación con el panóptico esta exhibe una considerable consistencia. Pero el problema es, justamente, que no es razonable eliminar dicha asociación porque como el propio Draper reconoce

hacia comienzos de los años 1790 […] la prisión panóptica se ha vuelto sin duda el modo dominante de castigo promovido por Bentham. Ésta ofrece un castigo adecuado para la mayoría, si no [para] todos los delitos serios, ya que podría infligir tanto castigos simples como complejos como lo requiera la ocasión. Adicionalmente en ella se emplea la recompensa para incrementar sus propiedades de reforma.[96]

Por lo demás, si hay evidencia de que hacia 1820 Bentham habría abandonado su favorecimiento por la prisión panóptica como forma general del castigo, hay muchas más que atestiguan la obsesión de Bentham por el panóptico hasta casi el final de sus días.[97] Pero todo ello no es lo más importante. Hay otra razón mucho más fundamental

---

[95] Para la primera de estas tres posturas Draper remite al manuscrito UC CXLIII 28; para la tercera al vol. I de las obras de Bentham publicadas por Bowring: 490-516. Ver Draper, 2002: 14 notas al pie 53 y 54.

[96] Ver Draper, 2002: 15.

[97] Sobre este punto me limito a remitir a Balmires, 2009.

para no ignorar la asociación del panóptico con la teoría de las penas: el hecho de que la prisión panóptica es sólo una de las formas de un diseño de control social mucho más amplio, y el hecho de que tal diseño no es una parte desdeñable del pensamiento de Bentham. Como ya se ha visto, este programa general ya está plasmado en la obra primigenia escrita en 1786 y publicada en 1791 especialmente aplicado a la prisión. Éste se concreta y completa con los otros proyectos de panóptico. En todos ellos la vigilancia, el control y la normalización constituyen una pieza clave. Por ello, contrariamente a lo que sostiene Draper, estos tres elementos sí son «resultados inevitables del pensamiento de Bentham sobre el castigo» y no solo sobre éste último, y el proyecto de panóptico no puede ser «visto simplemente como una entre muchas de la otras complejas formas de castigo» sugeridas por Bentham. Como afirma Foucault, el panóptico debe ser comprendido como un modo generalizable de funcionamiento idealizado de las relaciones de poder con relación a la vida cotidiana de los hombres, que rebasa una institución particular como la prisión, para desenvolverse como una tecnología política que puede y debe desprenderse de todo uso específico; «el esquema panóptico […] está destinado a difundirse en el cuerpo social».[98] Ello nos conduce a nuestro último interrogante: ¿cómo se conjuga el panoptismo con la idea de democracia liberal?

IV. Liberalpanoptismo

En realidad, de tenerse en cuenta los trabajos posteriores a *Surveiller et punir*, Foucault sitúa el pensamiento de Bentham en el punto de intersección de dos rasgos estructurales de las sociedades occidentales modernas, que obedecen a sendas transformaciones operadas hacia mediados del siglo XVIII: las técnicas disciplinarias y el arte liberal de gobernar. Las primeras están a la base de las prácticas punitivas de esa época, como la práctica del encarcelamiento, al igual que de otras prácticas de encierro. El segundo es una instancia de la práctica del arte de gobernar o gubernamentalidad en el momento en que se produce una metamorfosis determinante en la razón de Estado. El panop-

---

[98] Ver Foucault, 1975: 208-209 y 211.

tismo de Bentham constituye no sólo la pieza maestra de las técnicas disciplinarias sino que constituye también un elemento fundamental del arte liberal de gobernar; es más es el eslabón que permite sino su articulación más perfecta. Así, en la visión de Foucault Bentham es a la vez el tecnólogo más notable de la sociedad disciplinaria y el mayor teórico de la razón gubernamental moderna.[99]

El que Foucault presente a Bentham como el programador de una de las formas más totales e inquisitivas de poder sobre los individuos, cuando es costumbre ver en él el teórico apasionado de la concepción más radical y completa de la democracia representativa, ha resultado

---

[99] En los años 1978-1979 se produce un giro temático en las investigaciones de Foucault —acompañado por una reformulación o, más bien, un refinamiento de algunas de sus tesis fundamentales— que implica una reubicación y, por ende, una nueva lectura del pensamiento de Bentham. Los cursos *Sécurité, territoire, population* y *Naissance de la biopolitique*, constituyen, en efecto, una unidad en la que Foucault se propone estudiar las tecnologías (técnicas o mecanismos) de seguridad en tanto elementos del dispositivo de poder que tienen por blanco principal la población (de ahí que introduzca las nociones de biopolítica y biopoder) y que forman parte de lo que va a llamar arte de gobernar o gubernamentalidad (Ver Foucault, 2004a y 2004b, respectivamente). En ellos se procura especificar una economía general del poder que asume la forma de la tecnología de seguridad; y así como Foucault habla de sociedad de soberanía y de sociedad disciplinaria (correlativamente a la economía general del poder soberano y a la economía general del poder disciplinario), habla aquí también de sociedad de seguridad (correlativamente a la economía general del poder de seguridad). ¿Qué son estas tecnologías de seguridad? Foucault está pensando en aquellas medidas que permiten mantener un cierto fenómeno dentro de límites que sean social y económicamente aceptables y, en lo ideal, alrededor de un índice medio que se considere óptimo. Vale decir, se considera el fenómeno en cuestión dentro de una serie de acontecimientos probables, se lo evalúa sobre la base de un cálculo de costos, y se fija una media estimada como óptima y unos límites de lo aceptable, más allá de los cuales tendría que evitarse pasar, ya sea en el marco de procedimientos de control social o con el fin de provocar alguna modificación en el destino biológico de la especie. Dichos fenómenos son así analizados en términos de las nociones de caso, riesgo, peligro y crisis. Las tecnologías de seguridad implican un tratamiento del espacio que es diferente a los de la soberanía y a los de las disciplinas, suponen una manera particular de tratar con lo aleatorio, despliegan una forma de normalización que le es específica y se distingue de la normalización disciplinaria y, por último, mantienen una correlación con la población tanto en cuanto objeto (i.e, como blanco al cual se apunta para obtener un efecto determinado, al considerársela como especie humana) como en cuanto sujeto (i.e., en cuanto se le pide que actúe de tal o cual manera, considerándosela como público, es decir, desde el punto de vista de sus opiniones, sus maneras de hacer, sus prejuicios, sus exigencias, en suma, todo aquello susceptible de sufrir la influencia de la educación, las campañas, etcétera). El surgimiento de la realidad de la población al igual que de la noción respectiva, son algo absolutamente moderno con relación al funcionamiento político e incluso respecto del saber y la teoría política anteriores al siglo XVIII (Ver Foucault, 2004a: 19-21, 25-27, 63 80-82 y 101-102).

particularmente chocante. Ello no debe conducir, sin embargo, a borrar una diferencia crucial entre aquellas lecturas que ven en el panóptico el diseño de un régimen totalitario (aun si encuentra asociado a un sistema económico capitalista)[100] y la de Foucault. Este último ve en el panóptico planificación sintética, idealizada, de las características, de las condiciones de existencia mismas de nuestras sociedades occidentales modernas, cualquiera sea la forma de organización estatal o la ideología política que la anima; los Estados totalitarios no vendrían sino a exacerbar factores que están igualmente presentes en los Estados democráticos. ¿Qué relación guardan los sistemas de poder disciplinarios con las formas de organización política y en particular con las democracias y los totalitarismos? ¿Qué incidencia tienen sobre ellos? Para Foucault, las relaciones de poder, los hechos de dominación y las prácticas de sometimiento no son específicos de los totalitarismos; también atraviesan las sociedades llamadas «democráticas». Así, sin desatender al hecho de que el estalinismo y el fascismo fueron fenómenos singulares que respondían a una coyuntura precisa y bien específica, Foucault advierte: «sobre muchos puntos [...] no han hecho más que prolongar una serie de mecanismos que ya existían en los sistemas sociales y políticos de occidente. Después de todo, la organización de los grandes partidos, el desarrollo de los aparatos policiales, la existencia de técnicas de represión como los campos de trabajo, todo eso era una herencia, pura y dura, de la estructura de las sociedades occidentales liberales que el Fascismo y el estalinismo no han tenido más que recoger».[101] Entre las «sociedades liberales» y los Estados totalitarios —afirman Fontana y Bertani— habría una filiación muy extraña, de lo normal a lo patológico e, incluso, lo monstruoso, sobre lo cual cabe interrogarse.[102]

Ahora bien, ¿Qué ha de entenderse en este contexto por liberalismo y, en particular por liberalismo político? ¿En qué sentido suele considerarse que Bentham es un pensador liberal? ¿Es compatible su liberalismo con su panoptismo o viene más bien a desmentirlo? O ¿no habría más bien que preguntarse si, en otra inteligencia de su libera-

---

[100] Ver Himmelfarb, 1965 y 1970; Miller, 1975, Perrot, 1977 y Bahmueller, 1981.

[101] Ver Foucault, 1978: 112. (Me aparto parcialmente de la traducción castellana citada en la bibliografía final).

[102] Ver Fontana-Bertani, 1997: 247.

lismo, el panoptismo no es sino una pieza necesaria? ¿Cuál es en este escenario el estatus de los derechos? En los límites de este trabajo sólo puedo intentar articular un conjunto de interrogantes a partir de la lectura de Foucault.

Comencemos por dar una breve caracterización del liberalismo. Desde un punto de vista filosófico, puede decirse que un denominador común entre los muy diversos pensadores que suelen ser calificados de liberales en el plano político es la defensa de un Estado liberal (el cual nació antes que el uso político del término liberal), esto es, un Estado que garantiza el derecho de los individuos frente al poder político y que por ello exige formas, más o menos amplias de representación política.[103] O de manera más breve: el liberalismo consiste en asegurar las condiciones políticas que son necesarias para el ejercicio de la libertad personal.[104] El liberalismo defiende, asimismo, en un plano más general (ético), una concepción del bien que valora la autonomía del individuo, es decir, la posibilidad de formar su propia vida y modelar su curso. En el plano económico, el liberalismo sostiene básicamente la necesidad de que el Estado no intervenga o intervenga lo menos posible en los procesos de mercado. Ello incluye la libertad de los agentes económicos para fijar los precios y autorregularse, el libre comercio y la libre competencia.

Aunque Bentham es considerado uno de los más prominentes representantes de la tradición liberal, su liberalismo político no está exento, aun para sus comentadores o adeptos, de ciertas reservas. Así, por ejemplo, Timothy Fuller, afirma por una parte que «no hay un límite inherente al uso del poder del gobierno con propósitos de reforma social en el utilitarismo. Pero eso significó básicamente para Bentham, la supresión de restricciones arbitrarias y caducas al individuo para que dependa de sus propias facultades en busca prudente de sus intereses. Una legislación científica pretendía liberar en el sentido del individualismo democrático [...] estas ideas se fundieron como los conceptos de liberalismo económico, libertad intelectual y tolerancia religiosa en la Inglaterra decimonónica»;[105] pero por otra parte expre-

---

[103] Bobbio-Mateucci-Pasquino, 1983: v. "Liberalismo": 879.

[104] Ver Shklar, 1989: 21; citado por Farrel, 1997: "El liberalism frente a Bentham y a Mill": 34.

[105] Ver Fuller, 1987: 675.

sa: «si el conflicto entre deberes sociales y deseos individuales puede resolverse a satisfacción de acuerdo con los principios de Bentham es asunto que el estudioso debe examinar con todo cuidado. La cuestión es más significativa cuando se comprende que la tradición liberal da forma a su pensamiento político tratando de lograr un equilibrio adecuado entre la intervención y la no intervención de la acción gubernamental en la vida de los ciudadanos».[106] Martín Farrel, por su lado, ha señalado que si bien el utilitarismo de Bentham no presenta ninguna dificultad para el liberalismo en lo tocante a las preferencias internas o incluso para las preferencias externas voluntariamente aceptadas, respecto de las preferencias externas impuestas el utilitarismo benthamita enfrenta una dificultad para armonizar sus resultados con el liberalismo. Sin embargo, a juicio del iusfilósofo argentino, la armonía podría lograse a través de un *bill of rights* que excluya cierta área de privacidad del alcance de algunas preferencias externas.[107]

Esto último es, sin embargo, difícil de concebir en el marco del pensamiento de Bentham y, en particular, de su teoría de los derechos, específicamente porque, por una parte, a su juicio el mayor bien general no puede determinarse por referencia a principios abstractos y absolutos como los plasmados en la Declaración de Independencia de Estados Unidos o en la Declaración de los Derechos del Hombre y del Ciudadano;[108] y, por otra, porque en su concepción, la administración social dedicada a mejorar científicamente el bienestar general, bien puede tomar precedencia sobre reclamaciones individuales de derechos.[109] Por lo tanto, si en el plano político y, más precisamente, en nivel del diseño institucional, Bentham sostiene, por un lado, que la democracia representativa (es decir, la institucionalización del sufragio universal y la publicidad de las decisiones y los actos de los elegidos y de los funcionarios) es el único régimen capaz de promover la mayor felicidad de la mayoría; por otro lado, en el plano más general (ético) su concepción utilitarista del bien (la mayor felicidad de la mayoría) conduce a una visión más restringida de la autonomía (en el sentido de que ésta puede estar sujeta a importantes excepciones) y,

---

[106] Ver *Ibidem*: 674.

[107] Ver Farrel, 1997: "El liberalism frente a Bentham y a Mill": 33-62.

[108] Ver Bentham, 1795. Ver bibliografía I, D.

[109] Ver Fuller, 1987: 674.

por ende, a la posibilidad de una menor garantización del individuo frente al poder del Estado a través de la instauración de derechos, lo cual redunda en un menor liberalismo en el plano político.

En el ámbito económico, a Bentham «a veces se le ha presentado como un defensor del *laissez-faire*, a veces como un heraldo del estado de bienestar, a veces como un precursor del colectivismo o «estadismo». Sin duda, creía en el *laissez-faire* en la medida en que consideraba que la empresa privada era más eficaz que la acción del gobierno como mecanismo básico para la promoción de la «abundancia», al tiempo que deseaba liberarse de ciertas interferencias en el mercado como las *Corn Laws* (Leyes de cereales), que consideraba como producto injustificable los «intereses siniestros». Por otra parte, era muy consciente de la necesidad de ciertos tipos de intervención a fin de minimizar los costes de un sistema capitalista, e incluso en ciertos aspectos para suplir las deficiencias del mercado».[110]

A modo de síntesis, he aquí un retrato típico del Bentham liberal:

> En materia educativa, contra las prácticas elitistas de la época, elabora un plan de instrucción para la mayoría en el seno de nuevas instituciones: las escuelas crestomáticas. En el plano jurídico, como defensor de la igualdad de derechos de los ciudadanos, propone una reforma de leyes de sucesión con el fin de poner término al derecho de primogenitura. Es en nombre del mismo principio que a nivel electoral defiende la idea de un derecho de voto cuasi universal que incluye el derecho de voto de las mujeres. En materia penal, condena la tortura y la pena de muerte y aboga por una justa proporción de las penas y los delitos [...] Para tornar la justicia accesible a todos los ciudadanos, imagina una reforma de la organización territorial de los tribunales con un juez único con competencias universales. En fin, en materia política la modernidad de sus proposiciones es [...] sorprendente. Bentham no solamente condena la esclavitud bastante antes de su abolición, sino que desde 1793 exhorta a Francia, España e Inglaterra a emancipar sus colonias a fin de reducir las fuentes de tensiones cuando ningún proceso de descolonización es todavía de actualidad. Redactó un *Plan de paz perpetua* cuya vocación era la de pacificar las relaciones. [...] Es igualmente un economista [...] Su contri-

---

[110] Ver Dinwiddy, 1989: 140. Un panorama de la discusión sobre este tema puede verse en Pendas García, 1988: 242-253.

bución directa como indirecta [en esta materia] es innegable [...] El conjunto de prescripciones que desarrolla [en el terreno de las instituciones públicas] permite a toda sociedad política realizar de manera automática la persecución, por parte de sus dirigentes, del interés de la mayoría. La arquitectura de las instituciones, su número, su funcionamiento son pensados de manera tal de construir una «República ideal».[111]

Pero esta «república ideal» tiene su doblez, uno en el que ha hecho hincapié Michel Foucault y que termina por darnos otra versión de esta «república ideal» que se caracteriza, paradójicamente, por ser una visión idealizada de las características reales de nuestras sociedades occidentales modernas llamadas *liberales*. Características reales de nuestras sociedades que son opacadas o diluidas por las lecturas morales situadas en el plano de la historia de las ideas y de las instituciones; por los autores que toman la «república ideal» por una realidad sólo que más o menos perfecta o imperfecta, según se acerque o se aleje de su modelo. Quisiera contrastar este análisis y esta visión tradicional con los que resultan de la lectura de Foucault. Al efecto, compárese la problemática recién desarrollada acerca del liberalismo de Bentham con la que plantea Foucault.

Comenzaré por una consideración efectuada en su curso en el Collège de France del año lectivo 1973-1974, *Le pouvoir psiquiatrique*. Allí Foucault enfatiza que lo que llamamos *individuo* debe ser considerado como el *efecto* de la fijación de la singularidad somática al poder político, a través de los sistemas disciplinarios, al convertirla en portadora de la función sujeto; y no como algo que preexiste a los mecanismos disciplinarios, a la función sujeto, a la proyección de una psique, a la instancia normalizadora, y a lo cual se aferra el poder político. Una de las consecuencias de esta consideración es

que *sería absolutamente falso en un plano histórico, y por lo tanto también político, reivindicar derechos originarios del individuo contra algo como el sujeto, la norma o la psicología*. En realidad, el individuo es, desde el comienzo y por obra de esos mecanismos, sujeto normal, sujeto psicológicamente normal; y, por consiguiente, la desubjetivación, la desnormalización, la despsicologización, implican necesariamente la des-

---

[111] Ver Chauvet, 2010: 3-5 y 21.

trucción del individuo como tal. La desindividualización va a la par con esas otras tres operaciones.[112]

Es decir, cabe observar, cuando menos, una cierta tensión entre las concepciones filosóficas o jurídicas del individuo, que lo ven como el resultado de un proceso que es a la vez el desarrollo de la economía capitalista y la reivindicación del poder por parte de la burguesía y, en tanto tal, «como sujeto abstracto, definido por derechos individuales, al que ningún poder puede limitar salvo si él lo acepta por contrato», y el individuo como resultado de cierta tecnología del poder, como elemento de las fuerzas productivas y políticas inserto en un sistema de vigilancia y sometido a procedimientos de normalización. Es como si, por así decirlo, por debajo o al lado de dichas concepciones filosóficas o jurídicas del individuo se encuentra el individuo como realidad histórica, esto es, «aislado y recortado, a partir del juego de los cuerpos», por esa tecnología del poder que es la disciplina. Por eso Foucault habla de una «especie de tenaza jurídico-disciplinaria del individualismo».[113]

En esta misma línea, en *Surveiller et punir*, Foucault afirma que no es posible comprender la introducción de las ideologías y una política liberales en el siglo XVIII sin tener en cuenta el hecho de que las libertades al mismo tiempo que eran reivindicadas eran lastradas por las técnicas disciplinarias. En su curso en el College de France de 1978, *Sécurité, territoire, population*, sin embargo, Foucault rectifica parcialmente este punto de vista en dos aspectos. Por una parte, porque entiende que la libertad es una *ideología y técnica de gobierno* que ha de ser comprendida en el *interior* de las mutaciones y transformaciones de las tecnologías de poder. Por otra, y más precisamente, porque sostiene que *la libertad no es más que el correlato de la introducción de los dispositivos de seguridad*; dicho de otro modo, éstos sólo pueden funcionar bien con la condición de que se dé justamente la libertad en el sentido moderno de la palabra, es decir, no ya como las franquicias y los privilegios asociados a una persona, sino como la posibilidad de movimiento, desplazamiento, o proceso de circulación de la gente y de las cosas. «La idea de un gobierno de los hombres que piense ante

---

[112] Ver Foucault, 2003: 78-79. Las cursivas me pertenecen.
[113] Ver *Ibidem*: 79.

todo y fundamentalmente en la naturaleza de las cosas y no ya en la mala índole de los seres humanos, la idea de una administración de las cosas que tome en cuenta en primer lugar la libertad de los hombres, lo que éstos quieren hacer, lo que están interesados en hacer, lo que piensan hacer, todo eso son elementos correlativos (de los dispositivos de seguridad). Me parece que hay algo absolutamente esencial en una física del poder o un poder que se piense como acción física en el elemento de la naturaleza y un poder que se piense como regulación sólo capaz de producirse a través de la libertad de cada uno y con apoyo en ella. No se trata de una ideología; no es verdadera, fundamental ni primordialmente una ideología. Es en primer lugar una tecnología del poder; en todo caso, puede leérsela en ese sentido».[114]

Desde esta perspectiva, ¿cómo queda situado el pensamiento de Bentham? En algún sentido aparece ahora un tanto vetusto por ambiciosamente irrealizable, algo desfasado con relación a las tecnologías de control más vanguardistas de su tiempo; pero en cierto aspecto se presenta innovador, a la altura de los desafíos de su época. Lo primero tiene que ver con su idea de panóptico en tanto técnica disciplinaria; lo segundo con sus contribuciones teóricas al arte liberal de gobernar propicias para el diseño de tecnologías de seguridad que permiten dotar al panoptismo de una nueva dimensión. Veamos lo uno y lo otro, sucesivamente, en ese orden. En cuanto a la cuestión señalada en primer término Foucault observa:

> [Los mecanismos de seguridad] no tienden, como los de la ley o los de la disciplina, a imponer de la manera más homogénea y continua, la manera más exhaustiva posible, la voluntad de uno a los otros. Se trata de poner de relieve cierto nivel en que la acción de quienes gobiernan es necesaria y suficiente. Ese nivel de pertinencia para la acción de un gobierno no es la totalidad concreta y puntual de los súbditos, sino la población con sus fenómenos y sus procesos propios. Puede decirse que la idea del panóptico, moderna en cierto sentido, es también una idea muy arcaica, pues el mecanismo panóptico, en el fondo, intenta poner en el centro a alguien, un ojo, una mirada, un principio de vigilancia que pueda de alguna manera hacer actuar su soberanía sobre todos los individuos situados dentro de esta máquina de poder. En ese aspecto, podemos

---

[114] Ver Foucault, 2004a: 70-71.

94

decir que el panóptico es el sueño más viejo del más antiguo de los soberanos: que ninguno de mis súbditos me eluda y ninguno de los gestos de ninguno de ellos me sea desconocido. En cierto modo, el punto central del panóptico es el soberano perfecto. En cambio, ahora vemos aparecer, no la idea de un poder que adopte la forma de una vigilancia exhaustiva de los individuos para que cada uno de ellos esté en todo momento y en todos sus actos bajo los ojos del soberano, sino el conjunto de mecanismos que incorporarán a la jurisdicción del gobierno y de quienes gobiernan unos fenómenos muy específicos que no son exactamente los fenómenos individuales, aunque los individuos [....] figuren en ellos de cierta manera y los procesos de individualización sean unos de sus rasgos específicos. Es toda otra manera de poner en juego la relación colectivo/individuo, totalidad del cuerpo social/fragmentación elemental, otra manera que va a actuar en lo que llamamos población. Y el gobierno de las poblaciones es, creo, algo completamente diferente del ejercicio de una soberanía hasta en el grano más fino de los comportamientos individuales. Tenemos aquí dos economías de poder que me parecen muy distintas.[115]

Pero Bentham es también a los ojos de Foucault uno de los mayores teóricos de esta otra economía del poder. En su curso *Naissance de la biopolitique*[116] Foucault insiste sobre el hecho de que la diseminación de las técnicas disciplinarias en la sociedad es exactamente contemporánea del desarrollo del liberalismo y, más precisamente, que éstas son correlativas de su sistema de libertades. En efecto, a mediados del siglo XVIII se produce — según su análisis— una transformación importante que caracterizará de manera general lo que llama *razón gubernametal moderna*. Su rasgo fundamental consiste en la introducción de un principio de limitación del arte de gobernar que ya no es extrínseco, esto es, fundado en razones teológicas o jurídicas, sino intrínseco, vale decir, interno a la propia racionalidad gubernamental. Esto quiere decir que se caracteriza por ser una limitación *de hecho*, aunque con carácter general, cuyo fundamento ha de buscarse en los propios objetivos de gobierno. En tal sentido va a establecerse una di-

---

[115] *Ibidem*: 87.

[116] Ver Foucault, 2004b; para el desarrollo que sigue ver especialmente las clases del 10 de enero de 1979 (15-41), del 17 de enero (43-67), del 24 de enero (69-92) y del 21 de marzo (275-304).

visión fundamental, en el arte de gobernar, entre lo que es preciso hacer y lo que no es conveniente hacer. Esta línea de división, por lo tanto, no podrá establecerse sobre la base de los derechos fundamentales y del límite que éstos permiten trazar entre dominio de la gubernamentalidad posible, legítima y el dominio de las libertades fundamentales, sino entre dos series de cosas cuyo esquema elaboró Bentham, entre *agenda* y *non agenda*, las cosas que deben hacerse y las cosas que no deben hacerse. La cuestión crucial, en esta perspectiva, ya no será la del abuso de la soberanía, sino la del *exceso* de gobierno o del gobierno *frugal* o *mínimo*. El instrumento intelectual, la forma de cálculo y racionalidad que permitió esta autoregulación de la razón gubernamental, es la economía política, cuyo objeto no son los derechos naturales, sino los efectos reales del ejercicio de gobierno. La economía política presupone que hay una naturaleza inteligible en aquello que es objeto de la práctica gubernamental, y ésta última sólo podrá hacer lo que debe hacer si respeta esa naturaleza.

Los criterios para medir la acción gubernamental no son ya pues tanto los de legitimidad y no legitimidad como los de éxito y fracaso, es decir, criterios de utilidad. Si el gobierno viola las leyes de la naturaleza es porque las desconoce, por ignorancia; dicho de otro modo, los gobiernos pueden equivocarse. La posibilidad de una limitación interna de la razón gunernamental va, pues, de la mano con la cuestión de la verdad. El conocimiento empírico y el criterio de utilidad o, mejor, su conjugación, están así a la base de la economía política, que permitirá trazar los límites a la razón gubernamental. El principio de autolimitación interna de la razón gubernametal queda formulado con toda claridad con la sentencia *laissez-faire* del marqués de Argenson hacia 1751, que es el núcleo —asociado a la idea de gobierno frugal o gobierno mínimo— de lo que a grandes rasgos se llama *liberalismo*.

El análisis de la biopolítica sólo puede emprenderse, para Foucault, si se comprende primero el régimen general de la verdad, primordialmente de la verdad económica, que funciona en el interior de la razón gubernamental y, por ende, si se comprende en qué consiste el liberalismo que viene a modificar de manera fundamental, perfeccionándolo, el ejercicio de la razón de Estado. ¿Cuál es la naturaleza de la conexión entre el problema del gobierno mínimo y la economía política? El principio de esa conexión viene dado por el mercado que, en lugar de continuar siendo el objeto privilegiado de la vigilancia y la intervención reglamentaria del gobierno, es decir, un lugar de *jurisdicción*, pasará a ser el lugar donde se debe intervenir lo menos posible a fin de que pueda manifestar su verdad (la formación de precios naturales), es decir, un lugar de verificación y falseamiento de la práctica gubernamental o, en una palabra, en un lugar de *veridicción*. Ahora bien, esta limitación interna, de hecho, a la razón gubernamental no es, sin embargo, completamente ajena al derecho. El problema consiste en saber cómo formular esa limitación en términos jurídicos: ¿cómo hacer para que la autolimitación no paralice al gobierno y respete la libertad del mercado? ; ¿qué lugar queda para el derecho público si hay al menos una región —y otras sin duda— donde la no intervención del gobierno es una necesidad absoluta por razones de hecho, es decir, si éste se basa en la economía política?[117] Foucault ve aquí dos estrategias, una de las cuales resultó más débil y otra que fue la que predominó. La primera es el camino axiomático (revolucionario o rousseauniano) que consiste en partir de la definición de los derechos naturales u originarios que corresponden a todo individuo para determinar luego cuáles de ellos admiten limitaciones y, con relación a estos últimos, qué tipos excepciones resultan admisibles y cuáles no; de aquí se deduce la esfera de la soberanía, las fronteras de la competencia del gobierno. El otro camino no parte del derecho, sino de la propia práctica gubernamental, para analizarla en función de límites que de hecho que pueden ponerse al gobierno en función de lo que se estime útil o inútil hacer o no hacer. Es la concepción inductiva y residual propia del radicalismo inglés. En ella, el utilitarismo aparece como algo muy diferente a una filosofía o a una ideología; aparece como una como tecnología del gobierno. En ella, el mercado es no sólo un lugar de veridicción, sino también un lugar de intercambio; las intervenciones del poder público se ajustan de acuerdo al principio de utilidad; y la categoría general que engloba el intercambio y la utilidad es el in-

---

[117] Para Foucault es significativo el hecho de que Beccaria fue no sólo un teórico del derecho público bajo la forma del derecho penal sino también un economista; que la cuestión del derecho público atraviesa por completo *La riqueza de las naciones* de Adam Smith, así como que «Bentham teórico del derecho público, era a la vez economista y escribió libros de economía política». Más importante aún: la pertenencia originaria del problema de la economía política al de la limitación del poder público, se percibe en los problemas planteados sin cesar durante el siglo XVIII y XIX en materia de legislación económica, separación de gobierno y administración, constitución de un derecho administrativo, necesidad o no de tribunales administrativos específicos, etcétera (ver *Ibidem*: 57-58).

terés, en tanto principio de intercambio y criterio de utilidad. Así, el gobierno consiste en la compleja tarea de ponderar intereses individuales y colectivos, de guardar un equilibrio entre la utilidad social y la ganancia económica, entre el mercado y el poder público, etcétera. Dicho brevemente, el gobierno es una manipulación de intereses. Entre los rasgos fundamentales del liberalismo cuentan, por lo tanto, la idea del mercado como lugar de veridicción y la idea del cálculo de utilidad. A ello hay que agregar la idea de que Europa debe ser una región de desarrollo económico ilimitado con relación al mercado mundial. Esta concepción liberal del arte de gobernar trae aparejadas algunas consecuencias importantes. En primer lugar su compromiso con las ideas de seguridad y peligro: si el liberalismo es un arte de gobernar que en lo fundamental manipula intereses no puede manipularlos sin ser al mismo tiempo el administrador de los peligros y de los mecanismos de seguridad para proteger, de tales peligros, a los individuos o a la colectividad. En segundo lugar con la extensión de los procedimientos de control, coacción y coerción que van a constituirse como contrapartida y contrapeso de las libertades. Al respecto Foucault precisa:

Libertad económica, liberalismo en el sentido que acabo de decir y técnicas disciplinarias: [...] las dos cosas están perfectamente ligadas. Y ese famoso panóptico que al principio de su vida, bueno, en 1792-1795, Bentham presentaba como el procedimiento mediante el cual iba a poderse, en el interior de determinadas instituciones como las escuelas, los talleres, las prisiones, vigilar la conducta de los individuos y aumentar la rentabilidad y hasta la productividad de su actividad, al final de su vida, en el proyecto de codificación general de la legislación inglesa, lo presentó como la fórmula del gobierno en su totalidad, diciendo: el panóptico es la fórmula misma de un gobierno liberal, porque, en el fondo, ¿qué debe hacer un gobierno? Debe dar cabida, por supuesto, a todo lo que puede ser la mecánica natural de los comportamientos y la producción. Debe dar cabida a esos mecanismos y no debe tener sobre ellos, al menos en primera instancia, ninguna otra forma de intervención salvo la de vigilancia. Y el gobierno, limitado en principio a la función de vigilancia, sólo deberá intervenir cuando vea que algo no pasa como lo quiere la mecánica general de los comportamientos, de los intercambios, de la vida económica. El panoptismo, para Bentham, es sin duda una fórmula política general que caracteriza un tipo de gobierno.[118]

Por lo tanto, para Foucault, Bentham, en primer lugar, introduce la distinción entre *agenda y non agenda*, que está en el centro de la gubernamentalidad liberal. Esta distinción cobra sustento racional en los estudios propios de la economía política, disciplina particularmente desarrollada por Bentham en vinculación incluso con sus proyectos de reforma de las leyes o de las instituciones. La economía política tiene como uno de sus ejes cardinales el utilitarismo, el cual atraviesa todo el pensamiento de Bentham, pero además, en el marco del arte liberal de gobernar, éste constituye una tecnología del gobierno. En este sentido Foucault encuentra en Bentham la fuente más importante de los análisis que algunos neoliberales hicieron de la criminalidad, en particular de los trabajos de Ehrlich, Sigler y Becker de los años 70,[119] en los cuales los comportamientos no económicos

---

[118] *Ibidem*: 88-89. Hay todavía para Foucault, una tercera consecuencia del arte liberal de gobernar: la aparición de mecanismos que incrementan las libertades mediante un plus de control e intervención, que hacen que el control ya no se limite a ser el contrapeso de la libertad, sino que se convierte en su principio motor. En esto consiste justamente la crisis de la gubernamentalidad liberal. Crisis que pueden deberse al costo económico del ejercicio de las libertades o a la inflación de los mecanismos compensatorios de la libertad. También pueden deberse a una suerte de resultado paradójico por el cual los mecanismos productores de libertad que se invocan también para asegurarla terminan generando de hecho todo lo contrario, es decir, efectos destructivos que se imponen incluso a la libertad que producen. Ver *Ibidem*: 89-91, donde se proveen diversos ejemplos de estas diferentes situaciones.

[119] «En un comienzo, el análisis que éstos hacen de la criminalidad se muestra como un retorno, el más simple posible, a los reformadores del siglo XVIII, Beccaria y sobre todo Bentham. Y es verdad, después de todo, que cuando se retoma el problema de la reforma del derecho penal a fines del siglo XVIII, se advierte que la cuestión planteada por los reformadores era sin duda de economía política, en el sentido de que se trataba de un análisis económico o, en todo caso, de una reflexión de estilo económico sobre la política o el ejercicio del poder. Se trataba de calcular económicamente, o en todo caso de criticar en nombre de una lógica y una racionalidad económicas, el funcionamiento de la justicia penal tal como se podía comprobar en el siglo XVIII. De ahí surge en una serie de textos, por su puesto más claros en Bentham que en Beccaria [...] la existencia de consideraciones con cifras toscas sobre el costo de la delincuencia: cuánto más cuesta a un país, o a una ciudad en todo caso, que los ladrones puedan circular a su antojo; el problema, asimismo, del costo de la propia práctica judicial y de la institución judicial en su funcionamiento concreto; una crítica referida también a la poca eficacia del sistema punitivo: el hecho, por ejemplo, de que los suplicios o la proscripción no tengan ningún efecto sensible sobre la baja del índice de criminalidad, en la medida en que puede calculárselo en esa época [...]

son analizados «a través de una grilla economicista, crítica y estimación de la acción del poder público en términos de mercado».[120] En segundo lugar, Foucault parece sugerir que Bentham es partidario del *laissez-faire* económico, otros de los rasgos centrales del arte liberal del liberalismo. En tercer lugar, Foucault vincula estrechamente el panoptismo político (desarrollado por Bentham en su *Constitutional Code*), entendido como una suerte de vigilancia preventiva sobre los individuos —y, por ende, como un elemento de las tecnologías de seguridad—, como la fórmula misma de un gobierno liberal.

¿Qué se desprende de todo con relación al estatus de los derechos del individuo en una sociedad liberal? Foucault nos recuerda, a este respecto, cómo en los siglos XVII y XVIII (tanto en Francia como en Inglaterra), la razón jurídica se erigió como reacción contra la razón de Estado manifestada como Estado de policía y sus objetivos ilimitados sobre la población, para limitarla, bajo la forma del derecho público, principalmente a través de la teoría de los derechos naturales concebidos como derechos imprescriptibles que ningún soberano puede transgredir. Esta limitación a la razón de Estado, es externa, por contraposición a la limitación interna, propia de la gubernamentalidad liberal que se impuso a partir de medios del siglo XVIII. Interna, porque se

---

Al filtrar de este modo la práctica penal a través de un cálculo de utilidad, esos reformadores buscaban precisamente un sistema penal cuyo costo, en todos los sentidos que acabo de mencionar, fuese el más bajo posible […] Era una solución legalista. Esa gran preocupación por la ley, principio […] de que, para que un sistema penal funcione bien, es necesario y, en última instancia, casi suficiente una buena ley, no era otra cosa que una suerte de voluntad de buscar lo que llamaríamos, justamente, en términos económicos, la baja del costo de transacción. La ley es la solución más económica para castigar bien a la gente y para que el castigo sea eficaz». A través de los principios de legalidad, punibilidad, proporcionalidad, etcétera se proporcionaría una mecánica simple que resulta ser la más económica, es decir «la menos costosa y más segura, de obtener el castigo y la eliminación de las conductas consideras nocivas para la sociedad […] El *homo penalis*, el hombre que es penalizable, el hombre que se expone a la ley y puede ser castigado por ésta, ese *homo penalis* es, en sentido estricto, un *homo economicus*. Y es la ley la que permite, justamente, articular el problema el problema de la pena con el problema del castigo» (Ver *Ibidem*: 287-288).

[120] Ver *Ibidem*: 286. Estos autores neoliberales, sin embargo, aunque retoman el «filtro utilitario» de Bentham procuran evitar, en la medida de los posible, «la serie de deslizamientos que había provocado el pasaje del *homo economicus*, al *homo legalis*, al *homo penalis* y, por último, al *homo criminalis*», es decir, «atenerse en la medida de lo posible, gracias a un análisis puramente económico, a un homo *economicus*» para ver a partir de allí como analizar el crimen y la criminalidad (Ver *Ibidem*: 290; para mayores detalles ver asimismo: 289).

100

acepta que debe hacer una limitación del gobierno que no consista en un derecho que se le impone desde el exterior, sino a través de procedimientos intrínsecos al propio gobierno (aun si esta limitación ha de ser formulada en términos jurídicos). La gubernamentalidad liberal se da a sí misma límites intrínsecos formulados en términos de veridicción. De ahí que su gran tarea es la de «fijar en términos de derecho la autolimitación que el saber prescribe a un gobierno». Ahora bien, Foucault señala que esta tarea va a adoptar dos formas: «O bien interrogar la razón gubernamental, la necesidad de su propia limitación, para reconocer a través de lo que es preciso dejar en libertad los derechos a los cuales se puede dar acceso y jerarquía en la práctica gubernamental. Así, la interrogación sobre los objetivos, vías y medios de un gobierno ilustrado y por lo tanto autolimitado puede dar lugar al derecho de propiedad, al derecho de subsistencia posible, al derecho al trabajo, etcétera. O bien interrogar los derechos fundamentales, hacerlos valer en su totalidad y de una vez. Y a partir de ahí, sólo permitir la formación de un gobierno con la condición de que su autorregulación los reproduzca todos». Este último es el método revolucionario, de la subordinación gubernamental. El segundo es el método del residuo jurídico necesario y suficiente, propio de la práctica de gobierno liberal. Se trata de «dos caminos para construir en el derecho la regulación del poder público, dos concepciones de la ley, dos concepciones de la libertad. Digamos que la misma ambigüedad caracteriza al liberalismo europeo del siglo XIX e incluso del siglo XX». No se trata sin embargo, de dos sistemas que se suceden en el tiempo. Tampoco de dos caminos, separados, ajenos, contradictorios, totalmente excluyentes entre sí, sino de dos procedimientos, dos coherencias diferentes, heterogéneas. Su heterogeneidad quiere decir que hay «tensiones, fricciones, incompatibilidades mutuas, ajustes exitosos o malogrados, mezclas inestables, etcétera». De esta manera, la tarea de fijar en términos de derecho la autolimitación que el saber prescribe al gobierno nunca termina, ya sea estableciendo una coincidencia, ya sea un régimen común. Por ello Foucault se pregunta «¿cuáles son las conexiones que pudieron mantener unidos, que pudieron hacer conjugarse la axiomática fundamental de los derechos del hombre y el cálculo utilitario de la independencia de los gobernados?»;[121] y responde:

---

[121] Ver *Ibidem*: 23-25, 39-40, 56, 58-63.

Encontraríamos muchos ejemplos de ello, desde luego, en el discurso de los revolucionarios norteamericanos. Y el pensamiento revolucionario tal vez sea precisamente eso: pensar en forma simultánea la utilidad de la independencia y la axiomática de los derechos (revolución norteamericana). Los contemporáneos sintieron perfectamente esa heterogeneidad. Bentham, Dumont, los Derechos del Hombre. Y desde hace dos siglos sigue siendo sensible, porque nunca fue posible encontrar una verdadera coherencia y equilibrio entre esos procedimientos. De una manera masiva, y no sin vueltas, la regulación del poder público en términos de utilidad se impone a la axiomática de la soberanía en términos de derechos originarios. La utilidad colectiva (más que la voluntad colectiva) como eje general del arte de gobernar. Línea de pendiente general, pero que no borra la otra. Tanto menos cuanto que aciertan a producir efectos similares, aunque, sin duda, no es posible superponerlos. Pues la axiomática de la soberanía se ve en la necesidad de marcar con tanta intensidad los derechos imprescriptibles que, de hecho, es imposible encontrar lugar en ella para un arte de gobernar y el ejercicio de un poder público, a menos que se constituya jurídicamente y de manera tan fuerte al soberano como voluntad colectiva que éste reduzca a la pura idealidad el ejercicio de los derechos fundamentales. Oriente totalitario. Pero el radicalismo de la utilidad, a partir de la distinción utilidad individual/utilidad colectiva, también deberá hacer prevalecer la utilidad general sobre la utilidad individual y, por consiguiente, reducir al infinito la independencia de los gobernados. Oriente de la gubernamentalidad indefinidamente extendida.[122]

Para pensar la heterogeneidad de estos dos tipos de procedimiento, Foucault propone sustituir la lógica dialéctica (que busca resolver términos contradictorios en un elemento homogéneo común que les dé unidad), por lo que propone llamar *lógica de la estrategia*, es decir, una lógica cuya función es «establecer las conexiones posibles entre términos dispares y que siguen dispares»; esto es, una lógica de «de la conexión de lo heterogéneo y no de […] la homogenización de los contradictorio».[123]

En pocas palabras y a modo de síntesis: la concepción de democracia representativa de Bentham (pero lo mismo puede decirse de las

---

[122] *Ibidem*: 62-63.
[123] *Ibidem*: 62.

democracias actuales en mayor o menor medida) no sólo no está reñido o en tensión con el panoptismo, sino que lo encierra en su seno como fórmula general de gobierno. Normalización, manipulación de intereses, control de las poblaciones, vigilancia preventiva, son tendencias reales de nuestras sociedades que están en conflicto real con la reivindicación de autonomía de los individuos. Quiero decir, que dicho conflicto no es, al menos no *en primer lugar*, un problema de tipo doctrinal, es decir, un problema que consiste en encontrar la mejor justificación político-moral de los derechos fundamentales frente las virtuales injerencias del estado en la vida de los individuos. El conflicto es ante todo una consecuencia estructural de nuestras sociedades que se encarna en la constitución misma de lo que somos como individuos. Cuando se aduce, por ejemplo, que uno de los problemas de la teoría del castigo de Bentham es éste ignora los derechos fundamentales del debido proceso por estar sujetos a la revisión del cálculo utilitario,[124] o cuando se centra la atención en el análisis de que «la nueva fe consiste en que la verdad debe descansar, no en una doctrina que asuma como objetivo la maximización de bienestar general, sino en una doctrina de los derechos humanos fundamentales que proteja las libertades básicas concretas y los intereses de los individuos»,[125] esta dimensión central del conflicto queda obliterada. Seguramente, esta manera de plantear las cosas no es fortuita; acaso se trate de una cegara propia de la tradición intelectual liberal.

A estas alturas el lector podría preguntarse por las razones de ésta crítica a la sociedad liberal ¿Acaso nos hemos olvidado de las derivas totalitarias, de las cámaras de Gas o del Gulag? La respuesta es, rotundamente, no. En primer lugar, porque la sociedad liberal misma, no está exenta del riesgo de tales derivas; en segundo lugar, porque aun si la democracia liberal es la mejor forma de Estado disponible, esto es, lo mejor que tenemos en términos de organización política, tal vez ello sea mucho menos de lo que imaginamos que tenemos. Si creemos que debemos perfeccionar nuestras formas actuales de convivencia social ello sólo lo será a condición de que conozcamos y enfrentemos sus dilemas o desafíos reales. *¿Por qué leer a Bentham hoy?* Porque tal vez, mejor que ningún otro, en tanto pensador y pro-

---

[124] Ver Bedau, 2004: 12.
[125] Ver Hart, 1980: 7.

tagonista de su tiempo, nos libra una mirada abierta y descarnada de las fibras y resortes más íntimos y determinantes de la sociedad moderna. Sus comentadores tradicionales, al domesticar la virulencia de su pensamiento —lo mismo que han hecho con Wittgenstein, uno de los pensadores más corrosivos del siglo XX—, nos privan de esa luz que arroja sobre las sombras de nuestras sociedades; luz que la lectura de Foucault nos permite recuperar. La filosofía, si ha de servir todavía de algo, no puede sino ser *intempestiva*.

FUENTES CONSULTADAS

I. Obras de Jeremy Bentham

A. Ediciones del *Prison-Panopticon* (en inglés, francés y español)

BENTHAM, J., 1791a: *Panopticon; or the Inspection-House: contai-ning the idea of a New Principle of Construction applicable to any Sort of Establishment, in wich Persons of any Description are to be kept under inspection; and in particular to Penitentiary—Hou-ses, Prisons, Poor-Houses, Lazarettos, Houses of Industry, Manu-factories, Hospitals, Work-Houses, Mad-Houses, and Schools: with a Plan of Management adapted to the principle: in a Series of Letters, written in the year 1787, from Crecheff in white Russia, to a friend in England.* Dublín: Thomas Byrne, 1 vol. Reimpresión, Londres: T. Paine.

______ 1791b: *Panopticon: Postscript; Part I, Containing further particulars and alterations relative to the plan of construction ori-ginally proposed; principally adapted to the purpose of a panopi-con penitentiary-house*, Londres: T. Payne.

______ 1791c: *Panopticon: Postscript; Part II: Containing a plan of management for a panopticon penitentiary-house*, Londres: T. Payne.

Estas tres partes del *Panopticon* se encuentran publicadas en su conjunto en: *The Works of Jeremy Bentham*, Published under the Superintendence of His Executor, John Bowring, Edinburgh: William Tait, 1838-1843, vol. 4: 37-172.

Existe una edición más reciente: Jeremy Bentham, *The Panopticon Writings*, London: Verso, 1995, M. Bozovic (ed.), con una introducción de la editora: «An utterly dark spot». Sin embargo esta edición no es completa: contiene las 21 cartas escritas entre 1786 y 1787 (Betham, J., 1791a), y sólo una selección del *Poscript, Part I* (Bentham, J., 1791b), omitiéndose íntegramente el *Poscript, Part II* (Bentham, j. 1791c).

_______ 1791d: *Panoptique. Mémoire. Sur un nouveau principe pour construire des maisons d'inspection et nommément des maisons de force*, en E. Dumont (éd.), París: Imprimerie nationale, Secours publics n° 1.

_______ 1791e: Este *Mémoire* se haya también integrado, con algún agregado, en J. Bentham, *Traités de législation civile et pénale*, Étienne Dumont (ed.), París: Chez Bossange, Masson et Besson, 1802, vol. III: 209-272; el mismo se halla precedido por una «Advertencia» a modo de nota explicativa de Dumont (203-207). Citado por la traducción castellana de Salas, R.: "El panóptico. Memoria", en Bentham, J., *El panóptico*. Madrid, La Ediciones de la Piqueta, 1979: «Advertencia» (29-32); "Memoria" (33-81).

Además de esta última edición, Dumont también publicó en este mismo año (1802) la versión del Mémoire incluido en el *Traité…*, con el título "Le panoptique, ou maison d'inspection centrale" en la *Bibliotheque Britanique*, vol. XX: 307-367. En esta edición no obra la nota explicativa de Dumont, sino una nota del editor de la revista (304-306).

Hay una edición francesa más moderna del *Mémoire* en la edición de la Impremerie nationale (Bentham, 1791d) junto a las 21 cartas escritas entre 1786 y 1787 (Bentham, 1791a) traducidas por Maud Sissung, pero que no incluye ninguna de las dos partes del *Postcript* (Bentham, 1791b y 1791c): *Le panoptique*, París: Pierre Belfond, 1977. Ambos textos —las 21 cartas y el *Mémoire*— están precedidos por una entrevista a Michel Foucault "L'œil du pouvoir" y acompañados por un postfacio de Michelle Perrot: "L'inspecteur Bentham".

106

Caben mencionar dos ediciones francesas más recientes que la referida de 1977, aunque más parciales:

Panoptique. Mémoire sur un nouveau principe pour construire des maisons d'inspection, et nommément des maisons de force, É. Dumont (ed.), Nantes, Editions Birnam, 1997.

Y *Le panoptique. Mémoire sur un nouveau principe pour construire des maisons d'inspection, et nommément des maisons de force*, É. Dumont (ed.), París: Mille et une nuits, 2002, con un postfacio, elementos biográficos y bibliográficos de Bentham a cargo de Christian Laval. Al igual que la edición anterior contiene sólo el *Mémoire* (Bentham, 1791d), pero no las veintiuna cartas (Bentham, 1791a) ni los *Postcrips* (Bentham, 1791b y 1791c).

En castellano se cuenta con una traducción *completa* de la edición francesa de 1977 de María José de Chopitea: Bentham, J., *El Panóptico*, México: Premiá Editora, 1987.

Existen también dos traducciones *parciales* al castellano de esta misma edición francesa, de 1977:

J. Bentham, *El panóptico*. Madrid, Las ediciones de La Piqueta, 1979, en la que no se incluyen las veintiuna cartas escritas entre 1786 y 1787, ni los *Postcrips* (Bentham, 1791a, 1791b y 1791c) sino solamente el *Mémoire* (33-81) en la versión publicada en los *Traités de législation civile et pénale* (Bentham, 1791e), precedido de una «Advertencia» o nota explicativa del editor E. Dumont (29-32), traducido al castellano y con comentarios (81-99) por Ramón Salas (en Bentham, J. *Tratados de legislación Civil y penal*, 5 volúmenes. Madrid: Fermín Villalpando 1821-1822, vol. V, 1822: páginas 5-8 la «Advertencia» o nota explicativa del editor Dumont y páginas 9-57 el texto del panóptico). Contiene asimismo la entrevista a Michel Foucault «El ojo del poder» (9-26), pero no el postfacio de Michelle Perrot. Se incorporan, sin embargo, el informe de la Sociedad Económica Matritense del año 1820 relativo a dicho *Mémoire* y un apéndice, ambos reproducidos de la obra de Jacobo Villanova y Jordán *Aplicación panóptica de Jeremías Bentham a las cárceles y casa de corrección de España*, Madrid, imprenta de Tomás Jordán, 1834 (101-110 y 111-125, respectivamente), así como un trabajo de María Jesús Miranda, «Bentham en España» (129-145).

Y Bentham, J., *El panóptico*, Buenos Aires: Quadrata, 2013, que incluye las cartas escritas entre 1786 y 1787 y el *Mémoire* en la edición de la Imprimerie nationale (Bentham, 1791d), traducidos por de Levit, F. D., pero no se incluyen ni la entrevista a Foucault ni el postfacio de Michelle Perrot.

Por último, con ocasión del traslado del Archivo general de la Nación de México al edificio del antiguo penal Lecumberri, se ha publicado el *Mémoire* del panóptico, reproduciendo la versión que de él se hiciera en la edición con comentarios "arreglados a las circunstancias y legislación de España" de Baltasar Anduaga Espinosa, en 1841. Dicha edición incluye, a su vez, la traducción del panóptico editada por Fermín Villalpando en 1822 y luego por Villanueva y Jordá en 1834. Bentham, J., *Panóptico*. México: Archivo General de la Nación, 1980.

B. Ediciones de otras obras vinculadas al *Prison-Panopticon* (en inglés y francés)

Bentham, J., 1778: *A View of the Hard-Labour Bill; Being an Abstract of a Pamphlet, Intituled "Draught of a Bill, to Punish By Imprisonment and Hard-Labour, Certain Offenders; And to Establish Proper Places for Their Reception"*. London: T. Payne. Reimpreso en *The Works of Jeremy Bentham, Published under the Superintendence of His Executor, John Bowring*, Edinburgh: William Tait, 1838-1843, vol. IV: 1-35.

______1802a: *Panopticon versus New South Wales: or, The Panopticon Penitentiary System, and the Penal Colonization System Compared. In a Letter Addressed to the Right Honorable Lord Pelham*, en *The Works of Jeremy Bentham, Published under the Superintendence of His Executor, John Bowring*, Edinburgh: William Tait, 1838-1843, vol. IV: 173-211.

______1802b: *Second Letter to Lord Pelham, in Continuation of the Comparative View of the System of Penal Colonization in New South Wales and the Home Penitentiary System, Prescribed by Two Acts of Parliament of the Years 1794 and 1799*, en *The Works of Jeremy Bentham, Published under the Superintendence of His Executor, John Bowring*, Edinburgh: William Tait, 1838-1843, vol. IV: 212-248.

Existe traducción francesa de ambas cartas: Bentham, J., *Lettres à Lord Pelham, renfermant un parallèle du système de colonisation pénale, adopté pour la Nouvelle-Galles du Sud, et de celui des Maisons de repentir érigées dans la métropole, dont l'exécution a été prescrite par deux actes du Parlement, des années 1794 et 1799*, en A. Duquesnoy (trad.), Paris, H. Agasse, Henrichs, Treutetell et Wurtz, An XII (1804).

Vinculado al Prison-Panopcticon hay que considerar al apéndice de las memorias que el discípulo y editor Bowring incluyó en el último volumen de su edición de las obras de Bentham, titulado: «Appendix. Selections from Bentham's Narrative regarding the Panopticon Penitentiary Project, and from the Correspondence on the Subjetc», en *The Works of Jeremy Bentham, Published under the Superintendence of His Executor, John Bowring*, Edinburgh: William Tait, 1838-1843, vol. XI: 96-170.

C. Ediciones sobre los otros panópticos (en inglés y francés)

C.1. Pauper-Panopticon

______1797: *Pauper management improved: particularly by means of an application of the Panopticon principle of construction. Anno 1797, first published in Young's Annals of Agriculture: now first published separately*, London: R. Baldwin & J. Ridgway, 1812.

Esta obra ha sido incluida en *The Works of Jeremy Bentham*, Published under the Superintendence of His Executor, John Bowring, Edinburgh: William Tait, 1838-1843, vol. VIII: 369-439.

Una nueva edición crítica se encuentra en *Writings on the Poor Laws*, Vol. II, en M. Quinn (ed.), Londres: Clarendon Press, *The Collected Works of Jeremy Bentham*, 2010.

Hay una antigua traducción francesa: J. Bentham, *Esquisse d'un ouvrage en faveur des pauvres*, trad. fr. A. Duquesnoy, París: H. Agasse, An X (1801).

______ 2001: *Writings on the Poor Laws*, vol. I, en M. Quinn (ed.), Londres: Clarendon Press, *The Collected Works of Jeremy Bentham*. Este volume contiene: *Essays on the subject of the Poor*

Laws; *Pauper Systems Compared*; y *Observations on the Poor Bill*, con sus tres apéndices: *Essays on the Question Who are the persons for whom the several bounties provided by this Bill are intended?*; *Neighbour's-Fare Principle Defended;* y *Farming Defended.*

______ 2010: *Writings on the Poor Laws*, vol. II, en M. Quinn (ed.), Londres: Clarendon Press, *The Collected Works of Jeremy Bentham*. Este volumen contiene: *Pauper Management Improved*; *Situation and Relief of the Poor*; y *Outline of a work entitled Pauper Management Improved*, junto con sus appendices.

C.2. *Chrestomathia*

______ 1817: *Chrestomathia, being a collection of papers, explanatory of the design of an institution, proposed to be set on foot, under the name of the Chrestomathic Day School, or Chrestomathic School, for the extension of the new system of instruction to the higher brances of learning, for the use of the middling and higher ranks of life*; 2 partes, Londres: Payne & Foss & J. Ridgway.

Esta obra se halla incluida en: *The Works of Jeremy Bentham*, Published under the Superintendence of His Executor, John Bowring, Edinburgh: William Tait, 1838-1843, 1 vol. VIII: 1-191.

Ha aparecido una nueva edición crítica: Bentham, J., *Chrestomathia*, en M.J. Smith y W.H. Burston (eds.), Oxford: Clarendon Press, *The Collected Works of Jeremy Bentham*, 1983.

Se cuenta también con una reciente traducción francesa: Bentham, J., *Chrestomathia*, París: Cahiers de l'Unebévue, 2004, traducción y prefacio de Jean-Pierre Cléro.

C.3. *Contitutional-Panopticon*

______ *Constitutional Code for use of all nations and governments professing Liberal opinions*, vol 1, Londres: R. Heward, 1830.

Existe una nueva edición crítica: Bentham, J., 1983: *Constitutional Code for the Use of all Nations and all Governments Professing Liberal Opinions*, vol. I, en F. Rosen y J.H. Burns (eds.), Oxford: Clarendon Press, *The Collected Works of Jeremy Bentham*.

En francés, hasta el momento se han efectuado traducciones parciales, sobre la base de ésta última edición: Guillaume Tusseau ha traducido el capítulo VIII (páginas 147 a 170) y la última sección del capítulo IX (páginas 438 a 457); *Revue Française d'Histoire des Idées Politiques*, 2004/1, núm. 19: 157-178 y 179-196.

En español, existe traducción del capítulo IX: "Plan de provisión de empleos que es el capítulo IX del Código Constitucional", T.C. Hansard, 1825. Algunos fragmentos de esta obra se hayan también traducidos en *Bentham. Antología*; edición de Colomer, J. M. Barcelona: ediciones península: 193-211.

D. Otras obras de J. Bentham

______1789: *An Introduction to the Principles of Moral Legislation*. Londres, T. Payne. La primera edición de esta obra fue editada privadamente en 1780 y publicada por primera vez en 1789. En 1823 se publicó una "nueva edición, corregida por el autor", Londres, W. Pickering. Una primera edición crítica data de 1970: Burns, J.H; Hart, H.L.A., eds., *An Introduction to the Principles of Morals and Legislation*, Londres, The Athlone Press. Esta edición ha sido objeto de una reimpresión con una nueva introducción de F. Rosen y un ensayo interpretativo de H.L.A. Hart: *An Introduction to the Principles of Morals and Legislation*. Oxford: Clarendon Press. 1996. Citado por la traducción castellana de Costa, M., basada en la edición de 1823, Buenos Aires: Heliasta, 2008.

______1795: *Nonsense upon stilts or Pandora's box opened or the French Declaration of Rights prefixed to the Constitution of 1791 laid open and exposed —with a comparative sketch of what has been done on the same subject in the Constitution of 1795, and a sample of citizen Sièyes;* en Bentham, 2002: 317-401.

______1802: *Traités de législation civile et pénale*, en Étienne Dumont (ed.). París, Chez Bossange, Masson et Besson, en 3 vols. Citado por la traducción castellana (con comentarios) de Salas, R.:

Bentham, J. *Tratados de legislación Civil y penal*, 5 volúmenes. Madrid: Fermín Villalpando, 1821-1822.

_____1811: *Théorie des peines et des récompenses*, rédigée en françois, d'après les manuscrits, en E. Dumont (ed.), 2 vols., Londres: de l'Imprimerie de Vogel et Schultze. Citado por la traducción castellana de D. L. B.: Bentham, J. *Teoría de las penas y las recompensas*, obra sacadas de los manuscritos de Jeremías Bentham Por Esteban Dumont, de la tercera edición publicada en Francia (Paris, Bossange Freres, 1825). Barcelona: Manuel Saurí, 1838, dos vols.

_____1830: *Official Aptitude Maximized; Expense Minimized: as Shewn in the Several Papers Comprised in this volume*, Londres: R. Heward. Nueva edición crítica, en el marco del *Bentham project*: P. Schofield (ed.), Oxford: Clarendon Press, 1993. Esta colección de ensayos, escritos en diferentes momentos entre 1810 y 1830, que Bentham reunió para su publicación, tratan acerca de los medios de lograr un gobierno eficiente y económico, y situando en el centros de sus análisis el problema de la corrupción de los funcionarios públicos.

_____ 1928: *A Comment on the Comentaries; a criticism of William Blackstone's Commentaries on the Laws of England; Charles Warren Everett (ed.).* Oxford: Claredon Press. Existe una edición crítica más reciente de esta obra con otra que le está estrechamente relacionada: Bentham, J., *A Comment on the Commentaries and A Fragment on Government*, Burns J.H. y H.L.A. Hart. Londres: The Athlone Press, 1977. Nunca finalmente terminada y sólo publicada en 1928, *A Comment on the Commentaries* es una crítica a la más influyente interpretación del Sistema jurídico inglés producida en el siglo XVIII, los *Commentaries on the Laws of England* de William Blackstone's. *A fragment on Government*, la primera publicación sustancia de Bentham (1776), es un subproducto de esta empresa más vasta. La referida edición crítica fue reeditada en Oxford: Oxford University Press, 2008.

_____ 1989: *First Principles Preparatory to Constitutional Code*, en P. Schofield (ed.), Oxford: Clarendon Press. Este volumen incluye cuatro ensayos escritos entre abril y agosto de 1822, pero nunca publicados por Bentham, que tratan sobre temas similares y están interrelacionados entre sí: «Economy as applied to Office»; «Identification of Interests»; «Supreme Operative»; y «Constitutional Code Rationale».

______ 1990: *Securities against Misrule and Other Constitutional Writings for Tripoli and Greece*, en P. Schofield (ed.), Oxford: Clarendon Press. Este volume reune trabajos escritos entre fines de 1822 y comienzos de 1823, relacionados tanto temática como cronológicamente: la aplicación de los principios de derecho constitucional que había estado desarrollando en la primavera y el verano de 1822 a la situación particular de Trípoli y Grecia. Con excepción de «Securities against Misrule», ninguno de estos ensayos fue publicado por Bentham.

______ 2002: *Rights, Representation and Reform: Nonsense upon Stilts and Other Writings on the French Revolution*, en P. Schofield, C. Pease-Watkin y C. Balmires (eds.), Oxford: Clarendon Press.

II. Bibliografía secundaria

BAHMUELLER, C. F., 1981: *The National Charity Company: Jeremy Bentham's Silent Revolution*. Berkeley: University of California Press.

BALMIRES, C., 2009: "Bentham, Dumont et le panoptique", en Cléro-De Champs, 2009: 97-110.

BEDAU, H., 1983: "Bentham's Utilitarian Critique of the Death Penalty», Criminal Law & Criminology, vol 74, núm. 3, 1033-1065.

______ 2004: "Bentham's Theory of Pinishment: Origin and Content", *Journal of Bentham Studies*, vol. 7: 1-15, disponible en <http://discovery.ucl.ac.uk/1323719/1/007%20Bedau%202004.pdf>. Última consulta 7/6/2014.

BOZOVIC, M. 1995: "Introduction: 'An utterly dark spot'", en M. Bozovic (ed.) *Bentham, The Panopticon Writings*. London: Verso, 1995: 1-23.

BRUNON-ERNST, A., 2007a: "Les métamorphoses panoptiques: de Foucault a Bentham", en *Cahiers critiques de philosophie*, núm. 4, dedicado a Jeremy Bentham: 61-71.

______ 2007b: *Le panoptique des pauvres. Jeremy Bentham et la réforme de l'assistance en Angleterre*, París: Presses Sorbonne Nouvelle.

______ (ed.), 2012: *Beyond Foucault. New Perspectives on Bentham's Panopticon*, Surrey-Burlington: Ashgate.

CLÉRO, J.-P. y E. de Champs (dirs.), 2009. *Bentham et la France: fortune et infortunes de l'utilitarisme.* Oxford: Votaire Foundation.

CHAUVET, C., 2010: *Jeremy Bentham. Vie, Oeuvres, concepts.* París : Ellipses.

DINWIDDY, J., 1989: *Bentham.* Oxford: Oxford University Press. Citado por la traducción castellana de Guisán, E.: *Bentham.* Madrid: Alianza, 1995.

DRAPER, T., 2002: "An Introduction to Jeremy Bentham's Theory of Punishment", *Journal of Bentham Studies*, vol. 5, 1-17, disponible en <http://discovery.ucl.ac.uk/1323717/1/005%20Draper%202002.pdf>. Última consulta 7/6/2014.

FARREL, M. D., 1997: *Utilitarismo, liberalismo y democracia*, México: Fontamara.

FONTANA, A. y M. Bertani 1997: "Situación del curso", en Foucault " *Il faut défendre la société* ". *Cours au Collège de France (1975-1976)*, París: Seuil-Gallimard, 1997. Citado por la traducción castellana de Pons, H.: *Defender la sociedad. Curso en el Collège de France (1975-1976)*, México-Argentina: FCE, 2001.1997: 245-260.

FOUCAULT, M., 1969: "Titres et Travaux", París: Plaquette (presentación de M. Foucault en el marco de su candidatura en el Collège de France). Incluido en Foucault, M., 1994, vol. I, núm. 71.

______ 1974: "A verdade e as formas juridicas" ("La vérité et les formes juridiques"); traducción de J. W. Prado Jr.: *Cadernos da P.U.C.*, n° 16, juin 1974: 5-133. Conferencias en la Universidad pontifical católica de Río de Janeiro, del 21 al 25 de mayo de 1973 (discusión con M. T. Amaral, R. O. Cruz, C. Katz, L. C. Lima, R. Machado, R. Muraro, H. Pelegrino, M. J. Pinto, A. R. de Sant'Anna). Incluido en, Foucault, M., 1994: vol. II, núm. 139. Citado por la traducción castellana de Varela, J. y Alvarez-Uría, F.: "La verdad y las formas jurídicas", en Foucault, M., 1999a, vol. II: 168-281.

_____ 1975: *Surveiller et punir. Naissance de la prison*. París: Gallimard. Citado por la traducción castellana de Garzón del Camino, A.: *Vigilar y castigar. Nacimiento de la prisión*. Madrid: Siglo XXI, 1984.

_____1978: "Gendai no Kenryoku wo tou", en *Asahi Jaanaru*, 2 de junio: 28-35. Conferencia pronunciada el 27 de abril de 1978 en Asahi Kodo, centro de conferencias de Tokio, sede del periódico *Asahi*. Incluido en Foucault, M., 1994: vol. III, núm. 232, con el título "La philosophie analytique de la politique". Citado traducción castellana de Gabilondo, A.: "La filosofía analítica de la política", en Foucault, M., 1999a, vol. III: 111-128.

_____ 2003: *Le Pouvoir psychiatrique. Cours au Collège de France (1973-1974)*. París: Seuil-Gallimard. Citado por la traducción castellana de Pons, H.: *El poder psiquiátrico. Curso en el Collège de France (1973-1974)*. México-Argentina: FCE, 2005.

_____ 2004a : *Sécurité, territoire, population. Cours au Collège de France (1977-1978)*. París: Seuil-Gallimard. Citado por la traducción castellana de Pons, H.: *Seguridad, territorio, población. Curso en el Collège de France (1977-1978)*. México-Argentina: FCE, 2011.

_____ 2004b: *Naissance de la biopolitique. Cours au Collège de France (1978-1979)*. París: Seuil-Gallimard. Citado por la traducción castellana de Pons, H.: *Nacimiento de la biopolítica. Curso en el Collège de France (1978-1979)*. México-Argentina: FCE, 2012.

_____2013: *La société punitive. Cours au Collège de France (1972-1973)*. París: Seuil-Gallimard.

FULLER, T., 1987: "Jeremy Bentham/James Mill", en Strauss-Cropsey, 1987: 668-688.

HART, 1980: "Entre el principio de utilidad y los derechos humanos", *Revista de la facultad de derecho de la Universidad complutense*, núm. 58: 7-28.

HIMMELFARB, G., 1965: "The Haunted House of Jeremy Bentham", en Gottschalk, L. (ed.), *Ideas in History*. Durham, N.C.: Duke University Press, 1965: 199-238. Incluido luego en Himmelfarb, G., *Victorian Minds. Essays on Nineteenth Century Intellectuals*. Londres: Weidenfeld & Nicolson, 1968: 32-81.

_____ 1970: "Bentham's Utopia: The National Charity Company", *The Journal of British Studies*, Vol. 10, núm. 1 (noviembre): 1970: 80-125.

HUME, L.J., 1973-1974: "Bentham's Panopticon: An Administrative History", *Historical Studies* 15, núm. 61: 703-721 (parte 1) y *Historical Studies* 16, n° 62: 36-54 (parte 2); publicado más recientemente en, Parekh, B. (ed), *Jeremy Bentham. Critical Assessments*, 4 vols., London-New York: Routledge, vol. IV: 189-229.

LEROY, M.-L.,2002: "Le panoptique inversée : Théorie du contrôle dans la pensée de Jeremy Bentham", en Lazzeri, Ch. (ed.): *La production des institutions*. Besançon : Presses Universitaires Franc-Comtoises : 155-177.

MARÍ, E. E., 1983: *La problemática del castigo. El discurso de Jeremy Bentham y Michel Foucault.* Buenos Aires. Hachette.

MILLER, J.-A., 1975: "Le despotisme de l'utile : la machine panoptique de Jeremy Bentham", *Ornicar. Bulletin périodique du Champ freudien*, 1975, n° 3 : 3-36. Al final del texto se precisa la fecha de composición del trabajo: febrero de 1973.

MORESO, J.J.: 1992: *La teoría del derecho de Bentham.* Barcelona: PPU.

PEASE-WATKIN, C., 2003: "Bentham's Panopticon and Dumont's *Panoptique*", *Journal of Bentham Studies*, vol. 6: 1-11, disponible en <http://discovery.ucl.ac.uk/1323716/1/006_CPW_2003.pdf>. Última consulta 23/4/2014.

PENDAS GARCÍA, B., 1988: *Jeremy Bentham*: *Política y Derecho en los Orígenes del Estado Constitucional*, Madrid: Centro de Estudios Constitucionales.

PERROT, M., 1977: "L'inspecteur Bentham", en Bentham, J., *Le panoptique*. París: Pierre Belfond, 1977: 171-223, también incluido en Perrot, M. 2001: 65-100, Citado por la traducción castellana de María José de Chopitea: "El inspector Bentham", en Bentham, J., *El Panóptico*. México: Premiá Editora, 1987: 145-193.

_____ 2001: *Les ombres de l'histoire. Crime et châtiment au XIXe siècle*, París, Flammarion.

SCHOFIELD, P., 2009: *Bentham: A guide for perplexed.* Londres-Nueva York: Continuum.

SEMPLE, J., 1987: "Bentham's Haunted House", en *The Bentham Newsletter*, 11: 35-44.

_____ 1992: "Foucault and Bentham: "A defense of Panopticism"", en *Utilitas*, vol. IV, núm. 1: 105-120.

_____ 1993: *Bentham's Prison. A Study of the Panopticon Penitentiary*. Oxford: Clarendon Press.

SHKLAR, J. N., 1989: "The Liberalism of Fear", en Rosenblum, N. L. (ed.) *Liberalism and the Moral Life*. Cambridge-Mass: Harvard University Press, 1989.

SMITH, M.J. y Burston, W.H., 1983: "Editorial introduction", en Bentham, J., *Chrestomathia*, Smith, M.J. y Burston, W.H. (eds.), Oxford: Clarendon Press, *The Collected Works of Jeremy Bentham*: xi-xxix.

STEADMAN, P., 2012: "Samuel Bentham's Panopticon", *Journal of Bentham Studies* , vol. 14: 1-30, disponible en <http://discovery.ucl.ac.uk/1353164/2/014%20Steadman%202012.pdf>. Última consulta 7/6/2014.

STRAUSS, L. y Cropsey, J. (comp.), 1987: *History of Political Philosophy*. Chicago-Illinois: University of Chicago Press, 3ra. edición. Citado por la traducción castellana de García Urriza, L., D. L. Sánchez, J.J. Utrilla : *Historia de la filosfía política*. México: FCE, 1996.

TUSSEAU, G., 2004a: "Sur le panoptisme de Jeremy Bentham", *Revue Française d'Histoire des Idées Politiques*, 2004/1, núm. 19: 3-38.

_____ 2004b: "Présentation des documents", *Revue Française d'Histoire des Idées Politiques*, 2004/1, núm. 19: 151-156.

WERRET, S., 1999: " Potemkin and the Panopticon: Samuel Bentham and the architecture of absolutism in eighteenth century Russia", *Journal of Bentham Studies*, vol. 2: 1-25, disponible en <http://discovery.ucl.ac.uk/648/2/002__1999__S.Werret_1999.pdf>. Última consulta, 7/6/2014.

AUTORES

Germán Sucar

Abogado y doctor diplomado en la Universidad de Buenos Aires. Además de su tesis doctoral en el área de la filosofía del derecho, ha realizado un master de derecho penal y política criminal en Europa en la Universidad Paris I Panthéon-Sorbonne. Ex docente de la Universidad de Buenos Aires (Facultades de Derecho y Filosofía) y otras universidades argentinas y extranjeras (Cergy-Pontoise), en las asignaturas Teoría General del Derecho, Derecho Penal Parte Especial, Metodología de la disertación, y Filosofía Contemporánea. Actualmente es profesor visitante del ITAM. Es autor de libros y artículos publicados en Argentina, México, Canadá, España e Italia sobre temas de filosofía, filosofía del derecho, derecho penal y derecho procesal penal.

Entre sus principales contribuciones pueden mencionarse:

Estudio preliminar y edición de la polémica sobre *El Nacimiento de la Tragedia* de Friedrich Nietzsche, en *El último Oficio de Nietzsche y La Polémica sobre el Nacimiento de la Tragedia. Escritos de Wilamowitz-Rohde-Wagner* (Sudamericana, 1996).

Concepciones del derecho y de la verdad jurídica (Marcial Pons 2008).

Co-edición de la obra colectiva internacional en cuatro volúmenes: *Derecho y verdad* (Tirant Lo Blanch), de la cual ya se ha publicado el vol. II, *Genealogía(s)* (2015).

José Juan Moreso

Licenciado y doctor en Derecho por la Universidad Autónoma de Barcelona. Actualmente es catedrático de Filosofía del Derecho en la Universidad Pompeu Fabra. Ha impartido cursos en la Universidad Autónoma de Barcelona y la Universidad de Gerona. De mayo de 2005 a junio de 2013 fue rector de la Universidad Pompeu Fabra. Sus investigaciones se centran, principalmente, en el estudio de la estructura y la dinámica de los sistemas jurídicos y las contribuciones de la lógica deóntica en este ámbito. Su línea de trabajo actual es la de los fundamentos filosóficos de la Constitución. Profesor invitado en las más prestigiadas universidades de Europa y América Latina. En 2010 fue investido con el grado académico de Doctor Honoris Causa por la Universidad de Valparaíso (Chile).

Ha publicado:

1992: *La teoría del derecho de Bentham*, Promociones Publicaciones Universitarias (PPU), Barcelona.

1993: *Orden jurídico y sistema jurídico: una investigación sobre la identidad y la dinámica de los sistemas jurídicos*, Madrid: Centro de Estudios Constitucionales. En coautoría con Pablo E. Navarro.

1997a: *Normas jurídicas y estructura del derecho*, México: Fontamara.

1997b: *La indeterminación del Derecho y la interpretación de la Constitución*, Madrid: Centro de Estudios Políticos y Constitucionales.

1998: *Legal Indeterminacy and Constitutional Interpretation*, Kluwer Academic Publishers, Dordrecht. Traducción de Ruth Zimmerling.

2000: *Lliçons de filosofia del dret*, Barcelona: Editorial de la Universitat Oberta de Catalunya. En coautoría con Pablo E. Navarro y M. Cristina Redondo.

2002: *Conocimiento jurídico y determinación normativa*, México: Fontamara. En coautoría con Pablo E. Navarro y M. Cristina Redondo.

2004: *Introducción a la teoría del derecho*, Madrid: Marcial Pons. En coautoría con Josep M. Vilajosana.

2005: *Lógica, argumentación e interpretación en el derecho*, Barcelona: Editorial de la Universitat Oberta de Catalunya.

2009: *La Constitución: modelo para armar*, Madrid: Marcial Pons.

2010: *Los desacuerdos en el Derecho*, Madrid: Fundación Coloquio Jurídico Europeo. En coautoría con Jordi Ferrer y Luis Prieto Sanchís.

Lectura contemporánea de los clásicos

¿Por qué leer a Alamán hoy?

Andrés Lira, Catherine Andrews, Josefina Z. Vázquez

¿Por qué leer a Ferguson hoy?

Isabel Wences, José Hernández Prado, Julio Beltrán

¿Por qué leer a Mill hoy?

Mark Platts, Miguel Carbonell, Juan Carlos Geneyro

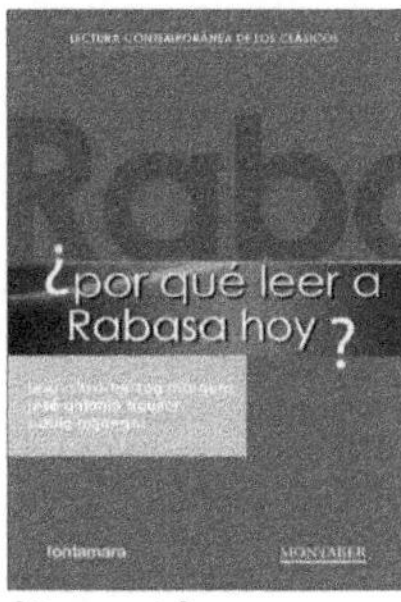

¿Por qué leer a Rabasa hoy?

Jesús Silva-Herzog Márquez, José Antonio Aguilar, Pablo Mijangos

¿Por qué leer a Rousseau hoy?

Antonella Attili, Luis Salazar Carrión, Julieta Marcone

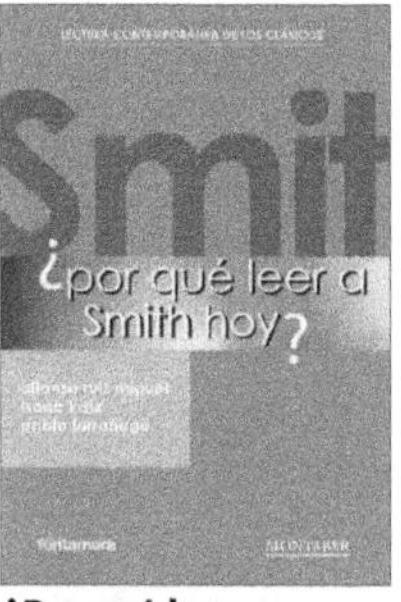

¿Por qué leer a Smith hoy?

Alfonso Ruiz Miguel, Isaac Katz, Pablo Larrañaga

¿Por qué leer a Tocqueville hoy?

Roberto Breña, Claudio López-Guerra, Jesús Silva-Herzog Márquez

¿Por qué leer a Weber hoy?

Nora Rabotnikof, Ulises Schmill, Gina Zabludovsky

¿Por qué leer El Federalista hoy?

Juan F. González Bertomeu, Gabriel L. Negretto, Andrea Pozas-Loyo

Otros títulos publicados

Amor platónico
Hans Kelsen

Análisis de un examen estandarizado
José Manuel Casillas Domínguez

Derechos humanos. Un camino hacia la pacificación
Julio Cabrera Dircio

Experiencias adversas de la seguridad del paciente
Rosa Ortiz Rivera

Nuestros niños sicarios
Elena Azaola Garrido

En guerra por la vida. Crisis climática y transformación social
Josep Cabayol

La práctica de la terapia como construcción social
Sheila McNamee, Emerson F. Rasera, Pedro Martins

El imperativo relacional Recursos para un mundo al límite
Kenneth J. Gergen

Ideología y opiniones Estudios de psicología retórica
Michael Billig

MONTABER Tel. +34-931 429 486 – montaber@montaber.es – www.montaber.es